KB220820

추천의 글

웨슬리 힐은 그 무엇과도 바꿀 수 없는, 우리 시대의 가장 탁월한 신약성경 해설자 중 한 명이다. 그는 존경받는 학자로서, 깊은 신앙심과 하나님이 주신 영감을 토대로 독자들을 위해 이 글을 썼다. 대다수 그리스도인들에게 주기도문은 매우 익숙하고 자주 암송되기 때문에, 오히려 우리가 고백하고 있는 것이 무엇인지를 잘 인지하지 못하는 경우가 많다. 이 책의 진정한 가치는, 타성에 젖어 있던 독자들에게 굉장한 신선함을 제공한다는 것이다. 이 책을 통해, 우리는 예수님께서 친히 우리에게 말씀하시고자 하는 것을 듣게 되고, 그분이 기도하셨던 것처럼 우리도 같은 영으로 하나님 아버지께 기도하는 방법을 배우게 된다. 이 책은 독자의 삶을 헤아릴 수 없을 정도로 풍요롭게 할 것이다.

플레밍 러틀리지Fleming Rutledge
설교자의 교사
「예수와 십자가 처형」과 「예수가 선택한 길」의 저자

예수님께서는 제자들에게 기도하는 방법을 가르치실 때, 그들이 하나의 공동체임을 가르치셨다. 그들은 주기도문으로 함께 기도하고, 고백했다. 이 책은 예수님의 기도자로서의 삶을 배우는 책이자, 그분의 제자로서 웨슬리 힐의 기도생활을 나누는 책이기도 하다. 웨슬리와 함께 주기도문을 고백하는 것은 가장 심오한 기독교의 신비로 충만해지는 것이며, 수없이 많고 다양한 기도자들과 연합하는 것이다. 또한, 하나님 아버지를 향해 발돋움하는 것이며, 거룩한 삶과 사랑, 정의와 일용할 양식, 그리고 시련 가운데 인내를 구하는 것이다. 일단 당신이 웨슬리 힐과 함께 주기도문을 드리고 나면, 당신은 분명 계속해서 이 기도를 드리고 싶어질 것이다.

매튜 레버링Mattew Levering
먼델라인신학교
「죽음과 미덕」의 저자

이 책에는 기독교의 가장 유명한 기도문에 대한 탁월한 묵상이 담겨 있다. 간결하면서도 생명력이 넘치는 주기도문은 우리 예수님의 삶을 보여주는 거울이자 기도하는 성도들 모두에게 본本이 된다. 구도자들이나 초신자들뿐만 아니라, 신앙심 깊은 신자들에게도 웨슬리 힐의 주기도문은 과거 기독교의 성인聖人들로부터 배운 귀중한 지혜를 알려준다.

크리스토퍼 빌리Christopher A. Beeley
튜크신학교
「하나님의 백성을 인도하다」의 저자

주기도문에 대한 웨슬리 힐의 책은 세련된 문체와 신학적 명쾌함, 그리고 목회적 관점을 모두 갖추고 있다. 웨슬리 힐은 성경과 과거와 현재의 다양한 신학자들의 사상, 그리고 세상에서 일어나는 일들에 대한 분별과 통찰을 한 군데 엮어 이 기도를 드리는 것이 의미하는 바를 그려내고 있다. 그렇게 함으로써, 웨슬리 힐은 우리의 기도를 들으시는 하나님과 우리에게 기도하는 법을 가르쳐주신 예수님에 대해 더욱 깊이 묵상하고 기도할 것을 촉구한다. 이 책은 음미해 볼 가치가 있다.

마리안 톰슨Marianne M. Tompson
풀러신학대학원
「요한복음에 나타난 하나님」의 저자

주기도문

CHRISTIAN ESSENTIALS

주기도문

우리 아버지께 드리는 기도 가이드

크리스천 에센셜 시리즈 2

웨슬리 힐 지음
김용균 옮김

주기도문 우리 아버지께 드리는 기도 가이드

크리스천 에센셜 시리즈 2

초판 1쇄 인쇄 : 2022년 6월 30일
초판 1쇄 발행 : 2022년 7월 15일

지은이 웨슬리 힐 / 옮긴이 김용균
펴낸이 이원우 / 펴낸곳 솔라피데출판사
기획 · 편집 : 이상영
주소 : (10881) 경기도 파주시 문발로 123 파주출판문화정보산업단지
전화 : (031)992-8691 / 팩스 : (031)955-4433
등록 : 제10-1452호 / Email : vsbook@hanmail.net
공급처 : 솔라피데출판유통 / 전화 : (031)992-8691

값 12,000원 / Printed in Korea
ISBN 978-89-5750-122-1

CHRISTIAN ESSENTIALS

THE LORD'S PRAYER

A Guide to Praying to Our Father

The Lord's Prayer: A Guide to Praying to Our Father
Christian Essentials

Lexham Press, 1313 Commercial St., Bellingham, WA 98225

목차

CHRISTIAN ESSENTIALS

시리즈 머리말

「크리스천 에센셜Christian Essentials」 시리즈는 사도신경, 주기도문, 십계명 등과 같은 기독교 신앙의 본질을 담고 있는 전통을 명확하면서도 이해하기 쉽게 분석하고 풀어내어 독자들에게 전달하기 위해 심혈을 기울여 기획되었다.

그리스도인에게 있어서 신앙의 성장이란 역설적이게도, 다시 처음으로 돌아가는 것이다. 위대한 종교개혁가 마르틴 루터Martin Luther는 이 원리를 다음과 같이 설명하였다. "나도 이제는 나이가 지긋한 학자가 되었지만, 여태껏 십계명이나 사도신경, 주기도문과 같은 기본 교리를 한 번도 소홀히 한 적이 없다. 나는 지금도 여전히 사랑스러운 한스, 레나와 함께 매일 그것들을 배우고 기도한다." 루터는 평생토록 성경을 공부한 자신도 어린 자녀들만큼이나 여전히 예수 그리스도에 대해 배울 것이 많다고 여겼다.

초대교회는 십계명, 세례, 사도신경, 성찬식, 주기도문, 그리고 공예배와 같은 기본적인 성경의 가르침과 전통들 위에 세워졌다. 사도들의 시대부터 오늘에 이르기까지, 이러한 기독교적 삶의 기초가 노인이든 청년이든, 남자든 여자든, 목회자든 성도든 상관없이, 모든 믿음의 세대들을 지탱하고 성장시켜 왔다.

> "너희가 다 믿음으로 말미암아 그리스도 예수 안에서 하나님의 아들이 되었으니"(갈 3:26)

우리는 믿음의 선조들과의 만남을 통해서 지혜를 얻는다. 그들은 시대와 문화를 초월해서 우리의 관점을 넓혀준다. C. S. 루이스Clive Staples Lewis는 "모든 세대는 그들만의 고유한 세계관을 가지고 있다. 각자의 관점은 어떠한 진리를 발견하는데 탁월하기도 하지만, 때로는 자칫 실수를 저지를 가능성을 높이기도 한다."라고 말했다. 우리는 현실에 초점은 맞추되, 앞서간 이들로부터 그들이 했던 질문과 통찰을 배워야 한다. 즉, 신앙의 선배들의 삶을 읽어 내려감으로써 우리가 전혀 생각해보지 못한 영적 통찰력을 얻어내는 것이다.

「크리스천 에센셜Christian Essentials」 시리즈는 우리 신앙의 기본이 되는 것들이 가지는 진정한 의미를 일깨워 줄 것이다. 위대한 전통과의 만남은 성경적이면서 강력한 힘으로 우리를 기본으로 돌아가게 할 것이며, 하나님의 자녀들에게 지속적인 성장을 맛보게 할 것이다.

> "이스라엘아 들으라 우리 하나님 여호와는 오직 유일한 여호와이시니 너는 마음을 다하고 뜻을 다하고 힘을 다하여 네 하나님 여호와를 사랑하라 오늘 내가 네게 명하는 이 말씀을 너는 마음에 새기고 네 자녀에게 부지런히 가르치며 집에 앉았을 때에든지 길을 갈 때에든지 누워 있을 때에든지 일어날 때에든지 이 말씀을 강론할 것이며 너는 또 그것을 네 손목에 매어 기호를 삼으며 네 미간에 붙여 표로 삼고 또 네 집 문설주와 바깥 문에 기록할지니라"(신 6:4-9)

Our Father in heaven,

hallowed be your name,

your kingdom come,

your will be done,

on earth as in heaven.

Give us today our daily bread.

Forgive us our sins

as we forgive those who sin against us.

Save us from the time of trial
and deliver us from evil.
For the kingdom, the power,
and the glory are yours
now and forever.

AMEN.

THE LORD'S PRAYER (English Version)

하늘에 계신 우리 아버지여,

이름이 거룩히 여김을 받으시오며, 나라가 임하시오며,

뜻이 하늘에서 이루어진 것같이 땅에서도 이루어지이다.

오늘 우리에게 일용할 양식을 주시옵고,

우리가 우리에게 죄지은 자를 사하여 준 것 같이

우리 죄를 사하여 주시옵고,

우리를 시험에 들게 하지 마시옵고,

다만 악에서 구하시옵소서.

나라와 권세와 영광이 아버지께 영원히 있사옵나이다.

아멘. (마태복음 6:9-13)

주기도문(개역개정)

하늘에 계신 우리 아버지,

아버지의 이름을 거룩하게 하시며

아버지의 나라가 오게 하시며,

아버지의 뜻이 하늘에서와 같이 땅에서도 이루어지게 하소서.

오늘 우리에게 일용할 양식을 주시고,

우리가 우리에게 잘못한 사람을 용서하여 준 것 같이,

우리 죄를 용서하여 주시고,

우리를 시험에 빠지지 않게 하시고,

악에서 구하소서.

나라와 권능과 영광이 영원히 아버지의 것입니다.

아멘.

주기도문(새번역)

* 이 책 『주기도문』에서는 독자들의 깊은 이해를 돕기 위해 '주기도문(새번역)'을 인용하였습니다.

서문

은밀한 중에 보시는 너의 아버지

마태복음을 묵상하며 읽다 보면, 예수님이 산상수훈 중간에 제자들에게 기도를 가르치시는 장면이 나온다. 이 모습은 예수님을 따르던 이들에게 낯선 일은 아니었다.

당시 팔레스타인에서 군중 좀 몰고 다닌 '선생'들이라면 누구나 예수님이 하신 것처럼, 하나님께 간구하는 가장 좋은 방법에 대한 자신의 깨달음을 가르쳤다. 그래서 아마 예수님도 본인의 가르침을 통해 깊은 인상을 남기기는 어려웠을 것이다. 예를 들어 누가복음을 보면, 예수님의 제자들도 가르침을 달라고 재촉하는 사람들 중에 한 무리였다. "주여 요한이 자기 제자들에게 기도를 가르친 것과 같이 우리에게도 가르쳐 주옵소서"(눅 11:1).

그날 예수님의 말씀을 듣던 무리들이 놀랐던 것은 예수님이 말씀하시는 기도의 **'방식'** 때문이었다. 예수님은 당시 사람들에게 익숙하던 거룩함을 과시하는 기도 대신에, 단순한 기도의 중요성을 강조하셨다.

> 또 너희는 기도할 때에 외식하는 자와 같이 하지 말라 그들은 사람에게 보이려고 회당과 큰 거리 어귀에 서서 기도하기를 좋아하느니라 내가 진실로 너희에게 이르노니 그들은 자기 상을 이미 받았느니라 너는 기도할 때에 네 골방에 들어가 문을 닫고 은밀한 중에 계신 네 아버지께 기도하라 은밀한 중에 보시는 네 아버지께서 갚으시리라 또 기도할 때에 이방인과 같이 중언부언하지 말라 그들은 말을 많이 하여야 들으실 줄 생각하느니라 그러므로 그들을 본받지 말라 구하기 전에 너희에게 있어야 할 것을 하나님 너희 아버지께서 아시느니라 (마 6:5-8)

이 말씀과 함께, 예수님은 이방인들처럼 경건한 척하며 중언부언하는 바리새인과 서기관들의 기도를 언급하시면서, 남에게 보여주기 위한 가식적인 기도는 필요 없다고 일축하셨다. 기도는 하나님이나 다른 누군가의 관심을 끌고자 계산

된 감동을 주는 인위적인 행위가 아니다.

왜 그럴까? 사실 **하나님은 우리의 기도가 필요한 분이 아니기 때문이다**. 예수님께서 사실상 이렇게 말씀하셨다. 하나님은 우리가 그분의 팔을 비틀면서 윽박지르거나, 물건값을 깎듯 흥정하거나, 또는 잔머리 굴리며 눈치싸움 하기를 바라지 않으신다. 또한, 올바른 형식이나 방식이 아니면 바로 화를 내실 것처럼, 성경 구절을 흠 없이 암송할 것을 요구하지도 않으신다. 도리어 예수님은 하나님이 "너희 아버지"시며, 이미 너희를 향한 호의를 품고 계신다고 말씀하신다. "그들이 부르기 전에 내가 응답하겠고 그들이 말을 마치기 전에 내가 들을 것이다"(사 65:24).

긴장을 풀 수 있는 조용한 곳, 예수님의 음성이 들릴 것만 같은 장소를 찾아가자. 주먹을 펴고, 숨을 크게 내신 뒤, 쿵쾅거리는 심장 박동을 진정시켜보자. 당신은 이미 아버지의 사랑 안에 있으며, 하나님께서는 진즉에 당신을 향해 귀 기울이고 계신다. 이 확신 안에서, 당신은 필요한 것을 아뢰기만 하면 된다. **기도는 이런 것이다.**

그래서 그리스도인들이 예배 중에 주기도문을 드릴 때면 종종, "지금부터 우리 구주 예수 그리스도께서 가르쳐주신 기도로 담대히 고백하겠습니다. …"라는 말로 시작하는 것이다. 다시 말해, 우리는 하나님과 화해하거나 설득하거나 흥정하려는 모든 시도와 불안감을 내려놓고, 세련된 스타일의 기도가 아닌 아빠와 아들의 대화 같은, 좀 더 따뜻한 기도를 드릴 수 있다.

캔터베리 전前 대주교Former Archbishop of Canterbury인 로완 윌리엄스Rowan Williams가 쓴 것처럼, "우리는 예수님의 생명에 참여하는 세례를 통해 그분과 영적으로 하나가 되었기 때문에, 우리도 예수님이 하나님을 찾으신 것처럼 하나님 앞에 설 수 있는 담대함을 얻었다."[1] 예수님께서(그리고 그분의 발자취를 따라간 바울이) 성도들에게 보여주신 것은 기도를 듣고 정말로 기뻐하시는 하나님의 모습이었다. 틈나는 대로 스마트폰만 하는 아빠의 관심을 얻기 위해 아이들이 거실을 난장판으로 만들고, 아내의 따가운 잔소리를 듣고 나서야 비로소 놀아주는 이 땅의 아버지들과는 달리, 하나님은 이미 그분의 자녀들에게 한결같은 관심을 가지고 계신다. 예수님께서 제자들에게 "그러므로 너희는 이렇게 기도하라 …"(마 6:9)고 말씀하신 것도 바로 그런 마음에서였다.

흔히 하는 말로, '우리 아버지'를 뜻하는 라틴어, 패터 노스터Pater Noster라고 불리는 주기도문은 "이렇게 기도하면 됩니다."라는 일종의 원형原形이다. 주기도문은 하나님이 들으실 것이라는 단순한 믿음을 전제로 한다. 누구에게 묻느냐에 따라 주기도문은 여섯 내지 일곱 개의 간구로 되어 있는데, 처음 세 부분은 하나님의 거룩한 성품과 통치에 초점을 맞추었고, 후반부의 셋 또는 네 개는 하나님께 도움을 구하는 기도로 이루어져 있다.[2] 이어지는 내용을 통해, 우리는 교부敎父들과 종교개혁자들 그리고 오늘날의 동방정교회와 가톨릭 및 개신교 신학자들과 설교자들의 글을 바탕으로, 기도를 위한 예수님의 말씀이 오늘날의 그리스도인들에게 어떤 의미가 있는지 살펴볼 것이다.

무엇보다도, 나는 주기도문이 예수님 본인에 관한 것임을 보여주는 데 우선순위를 두고 싶다. 각각의 간구는 예수님을 따르는 사람들에게 그들이 어떻게 기도해야 하는지에 대한 가르침 이상의 의미가 있다. 더 근본적으로, 각각의 간구는 하나님을 아버지라 부르고 의지하는 예수님의 기도생활을 들여다볼 수 있는 창이다.

데일 엘리슨Dale Allison이 말했듯이, "예수님은 말씀 그 자체시다. 그분은 자신이 선포하신 대로 사셨고, 그분의 삶 그대로 말씀하셨다."[3] 주기도문은 예수 그리스도의 자화상이다. 그분은 하나님을 아버지라 부르시며, 하나님의 이름을 거룩하게 하시고, 하나님의 통치를 선포하셨다. 그분은 하나님의 뜻에 순종하셨으며, 이 세상의 생명을 위해 일용할 양식으로 자신의 몸을 내어주셨고, 십자가에서 돌아가심으로써 우리의 죄를 사해주셨다. 그렇게 제자들을 용서의 삶으로 인도하셨으며, 성도들을 죄와 사망의 권세로부터 옮기셨다. 예수님이 제자들에게 가르쳐주신 기도는 예수님의 삶을 통하여 구체화 되어 나타났다.[4] 신학자 헬무트 틸리케Helmut Thieliche는 자신의 저서에서 다음과 같이 말했다.

> 주기도문에는 예수님의 이름은 한 번도 언급되지 않지만, 주기도문의 이면에는 예수님이 계시며, 모든 간구는 예수님을 향해 초점을 맞추고 있다.[5]

사용한 번역본과 언어에 대하여 간단히 언급하자면, 영문 예배예식서 협회(약칭 ELLC)에서 1988년에 번역한 주기도문을 주로 활용하였다. 하지만 잘 알려진 흠정역 성경(KJV)뿐만 아니라 또한 저명한 번역가 사라 루덴Sarah Ruden의 매력적인 번역이 돋보이는 새로운 버전도 참고할 것이다.[6] 아울러, 마태복음과 누가복음 헬라어 버전에 관한 나의 개인적인 해석도 참고할 것이다.

또한, 처음부터 끝까지 하나님에 대해 남성형 대명사를 사용하긴 했지만, 하나님에 대한 남성적 묘사를 왜 문자 그대로 이해하면 안 되는지도 다음 장 끝부분에서 설명하고자 한다. 물론 나는 신성한 대명사인 '그(He)'나 '그의(His)'를 대문자로 써온 오랜 관습을 따를 것이다. 그러나 하나님께서 우리와 소통하실 때 남성형 용어인 '그(He)'를 사용하신다고 하더라도, 하나님은 우리의 생물학적 범주를 초월하시기 때문에, 하나님이 사용하시는 우리의 언어는 비유 정도로만 생각해야 한다.[7]

기도

하늘에 계신
우리 아버지

하늘에 계신 우리 아버지

성경에서 하나님은 **말씀**으로 간단히 천지를 창조하셨다. "빛이 있으라(창 1:3)"는 창세기에 나오는 하나님의 첫 마디였다. 고대 바벨론의 창조 신화와는 달리, 하나님께서 세상을 창조하는 과정 중에 그분 곁에 여성형 배우자는 등장하지 않는다.[8] 이스라엘의 선지자들이 강조했듯이, 말씀을 통한 창조는 하나님의 우리 아버지 되심Fatherhood을 형상화한다.

> 그러나 여호와여, 이제 주는 우리 아버지시니이다
> 우리는 진흙이요 주는 토기장이시니
> 우리는 다 주의 손으로 지으신 것이니이다(사 64:8)

하나님은 세상을 존재하게 하시는 분이시다. 그런 의미에서 하나님은 이 세상의 '아버지'라 불릴만하다. 그러나 동시에 하나님의 아버지 되심은 우리가 알고 있는 이 땅의 어떤 아버지와도 다르다. 구약성경에서 이스라엘의 하나님에 대하여 '아버지'라는 단어를 사용할 때는 오직 하나님과 그분의 택하신 백성 간의 관계를 비유적으로 보여주기 위한 경우였다.[9]

하지만 '오직'이라는 말은 정확한 표현이 아닐 수도 있다. 사실, 하나님은 육신의 아버지와는 차원이 다른 아버지다. 피조물의 범주를 근본적으로 초월하시는 하나님은 남성이 아니며(같은 의미에서 여성도 아니다), 인간처럼 생물학적 생식生殖을 하지도 않으신다. 그러나 하나님은 이 모든 것을 뛰어넘어, 그분과 이스라엘 백성 간의 관계를 나타내는 주된 상징으로써 아버지 되심Fatherhood을 선택하셨다. "… 나는 이스라엘의 아버지요 에브라임은 나의 장자니라"(렘 31:9). 유대인들은 출애굽 사건을 돌이켜보며, 이때가 하나님께서 이스라엘 백성을 자신의 자녀로 인치신 순간이었다고 고백한다. 하나님께서는 모세를 통해 완악한 애굽의 왕 바로에게 이렇게 말씀하셨다. "… 여호와의 말씀에 이스라엘은 내 아들 내 장자라 내가 네게 이르기를 내 아들을 보내 주어 나를 섬기게 하라 …"(출 4:22-23). 이사야는 그의 예언서에 아름다운 한 구절을 남겼다. "… 주는 우리의 아버지시라 옛날부터 주의 이름을 우리의 구속자라 하셨거늘"(사 63:16). 그리고 예레미야 역시 불순종으로 아버지의 마음을 상하게 한 자녀의 이미지를 빌려, 패역한 이스라엘과 유다를 향한 하나님의 애통함을 기록으로 남겼다.

> 내가 말하기를
> 내가 어떻게 하든지 너를 자녀들 중에 두며
> 허다한 나라들 중에 아름다운 기업인 이 귀한 땅을
> 네게 주리라 하였고
> 내가 다시 말하기를 너희가 나를 나의 아버지라 하고
> 나를 떠나지 말 것이니라 하였노라(렘 3:19)

그러나 이렇게 의미심장하게 사용되었음에도 불구하고, 의외로 구약성경 전반에 걸쳐 하나님을 아버지라 일컫는 경우는 그렇게 생각보다 많지 않다.[10] 히브리어로 기록된 구약성경에는 거의 50만 개의 단어가 있지만, 하나님을 아버지로 표현한 것은 단지 15번 정도다.[11] 이들 중 대부분은 이스라엘의 하나님을 '아버지'라고 부르는(혹은 스스로 칭하는) 경우이거나, 훗날 새로운 반향을 불러일으킬, 감춰진 미래

에 대한 예표placeholder로 언급된 것들이다.

신약성경으로 눈을 돌리면 확연한 차이를 바로 느낄 수 있다. 구약성경에서 하나님을 '아버지'로 부르는 것에 대한 비유적 용법이 사라졌다. 신약성경에서는 예수님께서 하나님을 '아버지'라고 부르신 횟수를 세어보면 누가복음에서는 대략 65번, 요한복음에서는 170번이 넘는다. 분명, 새롭고 놀라운 일이 시작되었다.

복음서에서 예수님은 여러 차례 자신이 하나님과 깊은 친밀함을 누리고 있다고 말씀하셨다. 그리고 그때마다, 하나님을 '아버지'라고 부르신 것이 특히 두드러진다. 예수님은 마태복음에서 "내 아버지께서 모든 것을 내게 주셨으니 아버지 외에는 아들을 아는 자가 없고 아들과 또 아들의 소원대로 계시를 받는 자 외에는 아버지를 아는 자가 없느니라(마 11:27)"고 말씀하셨다. 요한복음에서 예수님의 어조는 더 강하다. "나와 아버지는 하나이니라(요 10:30)". 그리고 십자가에 못 박히시기 전날 밤, 예수님은 하나님과의 깊은 교감 중에 이렇게 부르짖어 기도하셨다. "아버지여 창세 전에 내가 아버지와 함께 가졌던 영화로써 지금도 아버지와 함께 나를 영화롭게 하옵소서(요 17:5)". 교회가 이 수수께끼 같은 표현의 숨겨진 의미를 파악하는 데 오랜 세월이 걸렸다. 그러나 결과적으로 이 표현들의 중요성을 부인할 수는 없었다. 예수님께서 비유와 상징적인 표현을 통해 간접적으로 계시하신 것을, 이제 교회가 명확하게 고백하게 된 것이다.

영원토록 하나님은 한 분이시지만, 고독하게 홀로 존재하시는 분은 아니시다. 니케아 신조Nicene Creed에서 그리스도인들은 이렇게 고백한다. "하나님의 유일하신 아들, 예수 그리스도는 영원한 아버지로부터 나신 분으로, 하나님으로 말미암은 하나님이시자, 참 빛이요, 참 하나님이시며, 창조된 존재가 아닌 아버지로부터 태어나 태초부터 아버지와 함께 계신 분이시다." 그래서 하나님을 섬기는 그리스도인들의 예배에는 경쟁자도 없고 비인간적인 존재도 없다(하나님과 예수님은 한 분이시기에 경쟁이 없으시며, 동시에 각자의 인격을 지닌 분이시다).

이해하기 어렵지만, 하나님은 **'관계 안에'** 존재하시고 **'관계를 맺음'**으로써 존재하신다. 이를 설명하기 위해 니케아 신조는 하나님께는 그로 말미암아(인간의 출산을 뜻하는 다소 진부한 표현인) '태어난' 아들이 있다고 고백한다. 그러나 하나님 아버지의 아들이 '태어난 방식'은 일반적인 인간의 출생과는 다르다. 물리적으로 설명할 수 없고, 어떤 순간에 일어났는지도 설명할 수 없다. 초기 기독교 이단들의 주장과 달리, 아들이 없던 순간이 없는 것이다. 니케아 신조의 주장처럼, 그의 아버지로 말미암아 태어난 아들의 존재는 영원한 것이다. 이 세상을 넘어(우리의 시공간적 언어로 설명하는 데는 한계가 있지만), 하나님에게서 나온 하나님이시면서도 유일한 존재이시다.[12] 그리고 아버지와 아들이 서로에게 하듯이, 성령(아버지와 아들로부터 비롯되셨고 마찬가지로 시작도 끝도 없이 영원하신 분)의 사랑과 기쁨 안에서 순전히 빛나는 행복으로 서로를 채우고 충만하게 하신다.

이것이 예수님께서 하나님을 아버지라고 가르치신 근본적인 이유다. 하나님은 결코 아버지가 **'아닌 적'**이 없으셨다. 그분의 아들 또한 단 한 번도 아들이 **'아닌 적'**이 없으셨다. 두 분은 성령 안에서 누구도 깨뜨릴 수 없는 사랑의 연합으로 묶여 있다. 이것은 예수님께서 제자들에게 하나님을 '아버지'로 부르도록 가르치시면서 드러내기 시작한 신비의 한 부분이다.

주기도문의 첫 번째 구절인 "하늘에 계신 우리 아버지"는 깜짝 놀랄만한 고백이다. 왜냐하면 이스라엘을 애굽으로부터 구원하신 하나님을 예수님께서 숨이 멎을 만큼 엄청 친밀하게 '아버지'라고 부르셨기 때문이다. 주기도문의 첫 번째 간구가 더욱 놀라운 것은 **'우리'**도 예수님과 같은 방식으로 하나님을 부르도록 초대받았기 때문이다. 하나님은 이스라엘 백성들에게 그러하셨듯이, 하나님의 이름으로 베푸신 구원 사역으로 말미암아 영원한 아버지가 되신다. 특히, 예수님께서 복수형 소유격 대명사인 '우리our'를 사용하셨다는 점이 핵심이다. 이로 인해, 우리는 예수님을 맏형처럼(히 2:10-18) 따르며 그분 옆자리에 앉게 되었고, 하나님의 만찬에 참여하여 함께 먹고 마시며, 예수님처럼 하나님과 관계를 맺게 되었다. 예수님에게 이러한 친밀감은 늘 충만한 것이었다. 그분은 하나님 아버지와 연합하는 특권을 누리지 **'못한 적'**이 한순간도 없었다. 덕분에, 하나님의 언약 백성으로 태어난 우리에게도 예수님을 통해 구원받아 누리게 되는 친밀함은 매력적으로 다가온다.[13] 칼 바르트Karl Barth는 다음과 같이 표현하였다.

> 하나님의 아들이신 예수 그리스도는 그분 스스로 우리의 형제가 되셔서, 우리를 형제자매로 삼으시고 … 우리가 그분과 하나가 되도록 자신의 곁에 두셨다. 그래서 우리는 그분의 가족처럼, 몸의 지체처럼 살아가고 행동하게 된다. … 예수 그리스도는 우리를 초청하여 명령하사, 하나님과 자신의 대화에 참여하게 하셨으며, 그분의 기도로 기도하게 하시고, 주기도문을 통해서 그분과 하나되게 하셨다. 그렇게 우리는 예수님과 함께 연합하여 한마음 한뜻으로 하나님을 사모하며, 하나님께 기도하고,

하나님을 찬양하는 삶으로 초청받았다.[14]

칼 바르트는 예수님께서 부활하신 직후에 사도 바울이 기록한 내용을 토대로 하고 있다. 바울은 그리스도인이란 예수님께서 하나님께 간구한 말씀 그대로, 다시 그들의 입술로 고백하는 담대함을 가진 이들이라고 주장했다. "… 우리로 아들의 명분을 얻게 하려 하심이라 너희가 아들이므로 하나님이 그 아들의 영을 우리 마음 가운데 보내사 아빠 아버지라 부르게 하셨느니라"(갈 4:5-6). 훗날, 로마의 성도들에게 보낸 편지에서도 바울은 이와 비슷한 표현을 썼다. "… 우리가 아빠 아버지라고 부르짖느니라 성령이 친히 우리의 영과 더불어 우리가 하나님의 자녀인 것을 증언하시나니"(롬 8:15-16). 당신은 우리가 예수님을 가까이함이 하나님 아버지와 친밀함을 누리는 데에 유익하다고 고백하게 될 것이다. 오래전 선지자 스가랴가 예언하였듯이, "… 그날에는 말이 다른 이방 백성 열 명이 유다 사람 하나의 옷자락을 붙잡을 것이라 곧 잡고 말하기를 하나님이 너희와 함께하심을 들었나니 우리가 너희와 함께 가려 하노라 하리라 하시니라"(슥 8:23). 진정 하나님은 예수님과 함께 계신다. 그래서 우리는 우리의 맏형이 되시는 예수님의 옷자락을 단단히 붙잡고, 그분과 함께 우리를 하나님 아버지께로 데려다주시도록 간구해야 한다. 그러면 예수님은 기꺼이 그렇게 응답해주신다.

예수님께서 "하늘에 계신" 우리 아버지께 기도하라고 하신 것은 어떤 의미일까? 성경이 묘사하는 천국은 저 멀리 떨어진 어느 은하계에 있는 것이 아니다. 이는 우리가 흔히 쓰는 그런 의미가 아니기에, 그래서 실제로 물리적 공간에 존재하지 않으면 이해하지 못하는 사람들에게는 설명하기가 어렵다. '천국'은 오히려 물리적 공간에 제한되지 않고, 가까이 계시며 역사하시는 하나님에 대한 표현이다. 하나님은 우리처럼 육체에 속한 분이 아니시기 때문에, 시간이나 공간의 제약을 받지 않으신다. 그렇다고 해서 하나님을 우주에 존재하는 형이상학적인 존재의 일부로 생각해서도 안 된다고 신학자 스탠리 하우어워스Stanly Hauerwas는 말했다.[15] 예수님께서 고백하셨던 최초의 주기도문에는 아마도 "하늘에 계신"이라는 부분이 없었을 것이다. 누가복음도 단순히, "아버지여 이름이 거룩히 여김을 받으시오며"(눅 11:2)라고 기록한다. 그러나 마태복음은 하나님이 피조被造된 아버지로 오해받지 않기 위해 "하늘에 계신"을 추가했다. 즉, 하나님은 "창조설화 속 세상을 낳은 아버지 신들을 초월하는 존재"시다.[16] 예수님이 '아버지'라고 부르신 분은 **'이 땅'**이 아니라 **'하늘'**에 속한 아버지다. 언제나 그렇듯, 시인들의 표현은 최고다.

주기도문

> 하늘에 계신 우리 아버지, 당신은 하늘에 거하시지만,
> 하늘도 당신을 다 담지는 못합니다.[17]

주기도문의 서두를 마치기 전, 우리가 반드시 생각해봐야 할 것이 있다. 예수님께서 그분을 따르는 무리들에게 처음으로 주기도문을 가르쳐주신 이래로 수천 년이 지난 지금, 우리 중 일부 사람들은 그 당시 예수님의 제자들이 결코 예상치 못했을 이유로, 이 기도를 고백하는 데 어려움을 겪는다. 오늘날 상당히 많은 성도들이 하나님을 '아버지'라고 부르는 것으로 고통을 겪는다. 이는 가부장제(우리가 이미 잘 알고 있는, 남성이 모든 권력과 특권을 독점하고 휘두르는 사회제도)의 오랜 역사와 가부장적인 권위의 남용이 수없이 많은 사람들에게 상처를 주고 평안함을 빼앗았기 때문이다.

여성주의 신학자들은 우리가 하나님을 '아버지'라 부르는 것은 성경에 그렇게 기록되어 있기 때문이지 실제로는 성별을 초월한 존재라는 입장과 하나님이 "**남성**이기 때문에 아버지"라고 불러야 한다는 주장 사이에서 너무나 쉽게 왔다갔다 하는 점을 지적한다. 전자는 기독교가 지금까지 한결같이 가르쳐 온 것이지만, 후자는 많은 기독교인들이 '**세뇌**'되어 온 것이다. 그리고 여성주의 사상가들은 이것이 위험한 일이라고 경고한다.

이에 대해서 어떤 답을 내놓을 수 있을까? 안타까운 마음으로 사회 정의를 위해 일하겠다는 우리의 헌신 외에도, 그리스도인들은 하나님의 아버지 되심Fatherhood을 또한, 어떻게 하나님과 그분의 내어주신 아들과의 연합을 통해 이해할 수 있는지를 주기적으로 성찰하고 가르쳐야 한다. 겸손한 섬김과 끝없는 사랑이 아닌 지배적이고 냉혹한 하나님 '아버지'의 이미지는 하나님, 즉 "… 나를 사랑하사 나를 위하여 자기 자신을 버리신 …"(갈 2:20) 우리 주 예수 그리스도의 아버지를 제대로 이해한 것이 아니다.

신학자 사라 코클리Sarah Coakley는 여성주의자들도 하나님을 '아버지'라 부를 수 있고, 오히려 **그렇게 불러야 한다**고 강력하게 주장했다. 이는 하나님의 아버지 되심에 대한 가부장적 해석이 주기도문을 이해하는 데에 있어 전혀 최선의 방법이 아니라는 점을 많은 교회가 알도록 하는데 오히려 도움이 되기 때문이다. 오늘날 크리스천 여성주의자들은 "'아버지'의 **진정한** 의미는 삼위일체 안에서 발견되는 것"이라는 확고한 신념을 가지고, 주기도문이 남성우월주의적 선언이 결코 아니라는 것을 우리에게 가르치고자 한다.[18]

간구 I

아버지의 이름을 거룩하게 하시며

아버지의 이름을 거룩하게 하시며

우리는 신이라는 존재를 생각할 때, 아폴로나 디오니소스와 같은 그리스 로마의 신들을 떠올리곤 한다. 그들의 성격과 기질(급한 성질머리까지도)은 아주 분명하고 격정적이다. 그런 신들과는 달리, 이스라엘의 하나님은 뭔지 알기도 어렵고, 심지어 처음부터 이해 불가능한 것처럼 보인다. 에리히 아우어바흐Erich Auerbach는 창세기에서 하나님이 족장 아브라함을 찾아오셔서 상상도 못한 명령을 내리신 이야기를 고찰해봄으로써, 그리스의 신들과의 비교를 통해 성경에 나타난 하나님에게 이상한 점이 있음을 발견했다.

하나님은 에티오피아에서 제물 잔치를 즐기다 지금 막

> 돌아온 제우스나 포세이돈과 같은 분이 아니다. 우리는 그분이 아브라함을 그토록 지독하게 시험하신 이유에 대해서도 전혀 듣지 못했다. 하나님은 제우스처럼 다른 신들과 회의를 열어 그 문제에 관해서 의논하는 분도 아니다. … 신비롭고, 예측할 수 없는 하나님은 깊이와 넓이를 가늠할 수 없는 장면에서 아브라함을 부르신다.[19]

단도직입적으로 말하자면, 성경이 증언하는 하나님은 우리의 이해 범위를 넘어서신 분이다.

그리스 로마 신화의 제우스나 아폴로와는 거리감이 있지만, 이스라엘의 하나님도 인류에게 드러내신 이름이 있다. 출애굽기의 앞부분에서 우리는 모세가 자기 민족을 해방하기 위해 이집트로 돌아가는 여정을 앞두고 하나님과 나누었던 대화를 발견할 수 있다.

> 모세가 하나님께 아뢰었다. "제가 이스라엘 자손에게 가서 '너희 조상의 하나님께서 나를 너희에게 보내셨다' 하고 말하면, 그들이 저에게 '그의 이름이 무엇이냐?' 하고 물을 터인데, 제가 그들에게 무엇이라고 대답해야 합니까?" 하나님이 모세에게 대답하셨다. "나는 곧 나다(나는 스스로 있는 자다). 너는 이스라엘 자손에게 이

> 르기를, '나(스스로 있는 자)'라고 하는 분이 너를 그들에게 보냈다고 하여라." 하나님이 다시 모세에게 말씀하셨다. "너는 이스라엘 자손에게 이르기를 '여호와, 너희 조상의 하나님, 곧 아브라함의 하나님, 이삭의 하나님, 야곱의 하나님이 나를 너희에게 보내셨다' 하여라."
>
> 이것이 영원한 나의 이름이며,
> 이것이 바로 너희가 대대로 기억할 나의 이름이다.
> (출 3:13-15, 새번역)

이 성경 번역본에서는 확인이 어렵지만, 보통 영어 성경에서는 이스라엘의 하나님의 참된 이름이 대문자로 표기되는 '주님LORD' 뒤에 숨겨져 있다. 때로는 '야훼Yahweh'라고 기록되어 있을 때도 있고, 몇몇 오래된 번역본에는 '여호와Jehovah'라고 되어 있는 경우도 있다. 고대 유대인의 관습을 존중하여, 영어 성경에서는 이 거룩한 이름 대신 '주님Lord'('주인' 또는 '주권자'를 의미)이라는 호칭을 사용한다.

이 신성한 이름은 일종의 말장난이다. 네 개의 히브리어 글자 *yod, heh, waw, heh*(히브리어에는 모음이 없다)는 앞서 "나는 스스로 있는 자다."라는 문장에 사용된 글자와 거의 일치한다. 그러나 더욱 주목할만한 것은 이 '이름'이 하나님의 성품이나 인격에 대해 명확하게 드러내지 않는다는 점이다. 가톨릭 교황 베네딕토 16세Pope Benedict XVI에 따르면, 하나님의 이름은 역설적이게도 "이름이면서 동시에 이름이 아니다"라고 말한다.[20] 이처럼 신비로운 방식으로 하나님은 모세에게 말씀하신다. "너는 나의 이름을 불러도 좋다. 하지만 그것으로 나를 **이해한다고** 생각하는 우를 범해서는 안 된다. 나는 되고자 하면 **자유롭게** 누구든 될 수 있다. 내 이름(스스로 있는 자)은 바로 그것을 의미하는 것이다."

다시 말해서, 하나님의 이름은 완전한 초월성을 의미한다. 하나님은 다른 신들과는 물론, 필멸인 피조물과도 근본적으로 다른 분이시다. 그러나 동시에, 그분을 부르는 자에게는 누구든지 그분의 친밀하심과 역사하심을 드러내시는 하나님의 내재성을 강조한다. 한 유대인 주석가는 이렇게 말했다. "하나님께서 자신의 이름을 선포하심은 하나님 스스로 드러내기로 선택한 범위 내에서만 그분의 신성한 성품을 알 수 있으며, 다른 그 어떤 것으로도 유추될 수 없고, 오직 그 자신으로만 정의됨을 의미한다."[21] 하나님은 우리가 있든 없든 하나님이시다. 그분은 우리의 도움이나 지원이 필요하지 않으신다. 오히려 하나님께서 우리를 존재하게 하신다. 그러나 동시에 하나님은 우리와 함께하는 하나님이 되기로 선택하셨다. 하나님은 모세에게 자신의 이름을 주셨다. 하나님은 이스라엘 백성과 언약을 세우고 그들이 부르짖을 때 응답하기로 약속하셨다. 하나님께서 스스로 자기 자신을 밝히신 것이다.

하나님은 구약성경 내내, 자신의 이름을 오해하진 않을까 염려하셨다. 만일 이스라엘 백성에게 자기 이름을 부르도록 허락하신 하나님께서 갑자기 그들과의 언약을 저버리신다면 다른 나라 사람들은 어떻게 생각할까? 하나님께서 선지자 이사야를 통해 말씀하셨다. "내 이름을 위하여 내가 노하기를 더디 할 것이며 내 영광을 위하여 내가 참고 너를 멸절하지 아니하리라"(사 48:9). 하나님은 자신의 이름을 위하여 일하신다. "나는 나를 위하며 나를 위하여 이를 이룰 것이라 어찌 내 이름을 욕되게 하리요 내 영광을 다른 자에게 주지 아니하리라"(사 48:11).

그래서 수 세기가 지난 후, 하나님께서 그분의 이름을 '**다른 이에게 주신**' 사건은 엄청난 충격으로 다가온다. 그 선물에 대해 사도 바울은 다음과 같이 표현했다.

> 이러므로 하나님이 그[예수 그리스도]를 지극히 높여 모든 이름 위에 뛰어난 이름을 주사(빌 2:9)

예수님께서 죽음에서 부활하신 이후로, 사람들은 하나님께서 이스라엘 백성에게 주신 이름인 '주님LORD'으로 **그분**을 불렀다. 어떻게 이런 상상을 초월하는 선물을 주셨을까? 이는 초대교회 교인들이 깊이 고민해야 했던 영적 신비 중에서 가장 혼란스러우면서도 흥미진진한 것이었다.

그러나 이 이야기는 더 많은 것을 담고 있다. 전도 여행 중 각지에 세운 교회들에 보내는 편지에서, 바울은 성도들 사이에서 역사하시며 활력과 능력을 더하는 은혜로운 하나님의 임재를 '하나님의 영'이라 이름하였다. "이제 [출애굽기에서] 말씀하셨던 주님은 성령이시다"(고후 3:17 REB 성경). 하나님께서 스스로 명명하여 모세에게 주셨던 이름이자, 수치스러운 죽음 그리고 부활 후에 예수님께 면류관으로 주어졌던 그 이름이, 또한 이제는 교회 안에서 역사하시는 성령님의 이름인 것이다.

이 거룩하고 신성한 이름을 세 분이 동시에 갖는다는 것은 선뜻 이해하기 어렵다. 그나마 이해하기 위해서는 우리가 일반적으로 생각하는 '나눔'의 방식이 아닌, 예수님과 (예수님의, 동시에 하나님의 영이신) 성령님이 하나님과 연합함으로써 하나의 이름을 공유하신 것이란 사실을 받아들여야 한다. 예수님과 성령님은 하나님의 정체성과 생명이 깊이 내재되어 있는 분이시기에, 하나님의 이름으로 불리는 것이 마땅한 존재이시다. 성부 하나님은 성자와 성령에게 자신의 이름을 주시면서, 가능한 한 가장 친밀한 방법으로 그들을 자신과 동일시하셨다.[22] 성부 하나님은 실제로 이렇게 말씀하셨다. "이는 내 아들이다. 성령과 더불어 그는 나와 하나다."(참조 마 3:17, 17:5). 마태복음이 단 하나의 '이름', "아버지와 아들과 성령의 이름"(마 28:19) 하나만 언급하며 마친다는 것, 즉 서로 다른 세 존재가 하나의 동일한 **이름**으로 결말에 이르게 된다는 사실은 매우 어렵고 충격적이지만, 한편으론 놀랄 일도 아닌 것이다.

'거룩함hallow'이라는 단어는 현대 영어에서 '무엇인가를 특별하게' 하는 '명예로움' 또는 '구별됨'을 의미한다. 시몬 웨일Simone Weil에 따르면, 우리가 하나님께 그분의 이름을 '거룩'하게 하시기를 구할 때, "우리는 충만하고 완전한 실체, 곧 영원한 **존재**를 구하는 것이다. 그래서 우리는 그것을 늘리거나 줄일 수 없다."[23] 하나님의 이름은 우리가 인정하든 안 하든 **이미** 특별하다.

그 이름은 온 세상이 있기 전부터 성부와 성자와 성령의 사랑 안에서 언급되었다. 하나님께 하나님의 이름이 거룩히 여김을 받도록 기도하는 것은, 이 신비롭게 빛나는 하나님의 존재를 지키고 드러내기 위한 것이다. 또한 하나님의 이름이 거룩히 여김을 받도록 기도하는 것은 이 신성한 위엄과 자비의 드라마 앞에 세상의 이목을 집중시켜, 이 땅이 계속해서 하나님을 예배하고 절망의 때에 하나님을 붙잡을 수 있도록 하는 것이기도 하다.

예를 들어, 우리는 초기 순교자들 중 한 명인 서머나교회 감독인 폴리갑Polycarp과 같은 그리스도인을 생각해볼 수 있다. A.D. 2세기, 로마 황제를 '주'와 '구원자'로 칭송hallow하라는 요구를 거절하며 폴리갑은 이렇게 말했다. "나는 86년 동안 [예수 그리스도]를 섬겼습니다. 그리고 그분은 나에게 한 번도 잘못하신 적이 없습니다. 그런데 어떻게 내가 나를 구원하신 나의 왕을 모독할 수 있겠습니까?"[24] 가까운 예로, 마린 재단Marin Foundation의 케빈 해리스Kevin Harris를 생각해 볼 수 있다. 그가 시카고의 보이스타운에 살 때, 그와 함께 사역하는 다른 기독교인들은 많은 레즈비언과 게이들에게 복음을 전하려고 했다. 그러나 동성애자들에게 전해지는 하나님의 메시지는 그저 심판에 관한 것들뿐이었고, 이로 인해 발생하는 피해에 대한 우려가 커지고 있었다. 마린 재단은 "미안해요I'm Sorry" 캠페인을 시작했으며, LGBT(성소수자: 레즈비언, 게이, 양성애자, 트랜스젠더를 의미)의 축제에 참석했다. 그리고 모든 죄인에게 예외 없이 베푸시는 하나님의 자비와 사랑의 메시지를 좀 더 확실히 전달하지 못한 점에 대해 사과했다.[25] 이러한 마린 재단의 결단과 행동은 하나님의 이름을 지키는 행위로 볼 수 있다. 즉, 하나님의 거룩하신 사랑을 강조함으로써 하나님 이름의 권위를 지키는 것이다.

이와 같이 의미 있는 행동을 통해 그리스도인들은 이미, 그리고 언제나 거룩하고 신성한 이름에 대한 그들의 경외심을 드러낸다. 클리프턴 블랙Clifton Black은 하나님께서 자기 이름을 거룩하게 하시는 것과 그에 반응하는 우리의 경외심을 연결 지었다. “하나님의 자기-신성화는 홀로 영광 받으시기에 합당한 전능하신 하나님을 경외하는 우리의 열망에 불을 붙인다.”[26] 우리가 하나님의 영원하신 거룩함에 대해 묵상할 때, 스스로 다음과 같은 질문을 하게 될지 모른다. “이 하나님의 놀라운 실존 앞에서 우리가 무슨 말을 더하며 무엇을 보탤 수 있겠는가?”

간구 II

아버지의 나라가 오게 하시며

아버지의 나라가 오게 하시며

'왕국kingdom'이라는 단어는 현대 영어에서 주로 지역이나 장소를 의미한다. 왕국은 왕이 다스리는 땅이다. 그러나 마가복음을 기록한 마가는 예수님이 이 땅에서 자기 사역을 시작하시는 모습을 다음과 같이 표현했다.

> 요한이 잡힌 후 예수께서 갈릴리에 오셔서 하나님의 복음을 전파하여 이르시되 "때가 찼고 하나님의 나라가 가까이 왔으니 회개하고 복음을 믿으라" 하시더라 (막 1:14-15)

마가를 비롯한 다른 복음서 저자들이 예수님의 메시지를

요약하고자 왕국kingdom으로 번역한 헬라어 '바실레이아basileia'는 사실 좀 더 **역동성**activity을 강조하는 단어로 번역하는 것이 더 좋았을 것이다. '규칙', '통치' 심지어 '왕권'과 같은 단어가 '바실레이아'의 원래 의미에 더 가깝다. 즉, 예수님께서 "하나님의 나라가 가까이 왔으니"라고 말씀하신 것은, 하나님께서 예수님의 사역을 통해 이 세상에 하나님의 통치권을 행사하고 계신다는 사실을 선언하신 것이다. 예수님은 마치 고국을 떠나 외국에 나가 있는 왕 같던 하나님께서 마침내 그분의 왕좌를 되찾기 위해 돌아오고 계신다는 사실을 예고하는 듯하다.

예수님은 일종의 재-즉위식re-coronation을 선포하고 계신다. 우리가 두 번 다시는 그 음성을 들을 수 없으리라고 여겼던 하나님께서 400여 년의 오랜 침묵을 깨시고 다시 이곳에 나타나 통치할 준비를 하신 것이다.

그러나 떠나있던 왕의 귀환은 두려움도 동반한다. 과연 다시 돌아온 왕은 **어떤** 식으로 통치할까? 왕의 대관식이 공포정치의 서막이 될 수도 있다. 새로운 왕이나 지도자의 즉위가 사람들을 두려움에 떨게 할 수도 있다. 새로운 총리나 대통령, 군주가 집권할 때 전혀 불안감을 느낀 적이 없다면, 당신은 어쩌면 기득권을 누리며 살아온 것일지도 모른다. 인류

역사의 시작부터 지금까지, 전 세계의 수많은 사람들이 (심지어 오늘날에도 여전히) 새로운 지도자에게 권력이 이양될 때, 불안에 시달려 왔다.

내가 본 영화 중에 가장 잊히지 않는 한 장면이 있다. 영화 대부The Godfather의 마지막 장면이 이러한 심리를 잘 그려내고 있다. 주인공인 마이클 콜레오네Michael Corleone는 조카의 세례식을 기념하기 위해 화려한 가톨릭 성당의 세례반(세례수를 담은 그릇 형태의 용기) 근처에 서 있다. 카메라가 그의 금욕적인 표정과 깔끔하고 품위 있는 정장을 클로즈업할 때, 세례식과 동시에 시작된 일련의 암살 장면들이 포개진다. 이 모든 것은 마이클의 치밀한 계획이었다. 그동안 마이클이 뉴욕 마피아의 왕이 되고자 준비해왔음이 드러났고, 대학살을 통해 왕좌에 오르는 중이었다. 그가 왕좌에 오르기 위해 지불한 대가는 그를 가로막는 모든 자의 죽음이었다. 영화의 결말에서 그가 새로운 공포의 군주인 '돈 콜레오네Don Corleone'로 즉위하는 장면은, 보는 이들에게 소위 충격과 공포를 느끼게 한다.

이러한 이야기가 그저 영화 속 과장된 설정이라면 차츰 잊어 가겠지만, 안타깝게도 현실에서도 이와 비슷한 일들은 늘 있다. 독재자들은 인간의 존엄성을 짓밟아 왕좌를 차지하고, 테러리스트들은 권력의 고삐를 움켜쥔다. 가난하거나 병약한 사람을 돌보지 않는 악한 군주가 정부와 왕국을 장악하고, 결과적으로 시민들은 두려움 속에 살아가야 한다. 대체로 세상에서 대관식은 불확실성과 걱정, 경각심을 불러일으키는 장이 된다.

아마도 예수님께서 설교하실 때도, 그와 같은 경각심이 청중들의 마음에 울려 퍼졌을 것이다. 하나님의 통치에 대한 그분의 메시지는 우리가 대관식에 대해 일반적으로 느끼는 모든 감정을 불러일으켰을 것이다. 새로운 왕의 통치가 얼마나 혹독할지에 대한 살 떨리는 불확실성, 왕의 권한으로 그들이 줄 수 없는 것을 요구할지도 모른다는 계속되는 불안감, 왕이 언제 어떤 전쟁으로 그들을 이끌지도 모른다는 두려움 등, 이런 것들이 우리가 사는 이 세상 왕들의 통치 방식이다. 아마도 예수님과 청중들은 사무엘 선지자가 전한 말씀을 기억했을 것이다.

> 너희를 다스릴 왕의 권한은 이러하다. 그는 너희의 아들들을 데려다가 그의 병거와 말을 다루는 일을 시키고, 병거 앞에서 달리게 할 것이다. 그는 너희의 아들들을 천

> 부장과 오십부장으로 임명하기도 하고, 왕의 밭을 갈게 도 하고, 곡식을 거두어들이게도 하고, 무기와 병거의 장비도 만들게 할 것이다. 그는 너희의 딸들을 데려다가, 향유도 만들게 하고 요리도 시키고 빵도 굽게 할 것이다. 그는 너희의 밭과 포도원과 올리브 밭에서 가장 좋은 것을 가져다가 왕의 신하들에게 줄 것이며, 너희가 거둔 곡식과 포도에서도 열에 하나를 거두어 왕의 관리들과 신하들에게 줄 것이다. 그는 너희의 남종들과 여종들과 가장 뛰어난 젊은이들과 나귀들을 끌어다가 왕의 일을 시킬 것이다. 그는 또 너희의 양 떼 가운데서 열에 하나를 거두어 갈 것이며, 마침내 너희들까지 왕의 종이 될 것이다. 그 때에야 너희가 스스로 택한 왕 때문에 울부짖을 터이지만, 그 때에 주께서는 너희의 기도에 응답하지 않으실 것이다.(삼상 8:11-18 표준새번역)

A.D. 1세기 당시 유대 사회는 안타깝게도 이런 종류의 왕권에 익숙했다. 팔레스타인의 유대인들은 배신과 음모, 한밤중에 벌어진 암살을 통해 정권을 잡은 야욕이 가득한 통치자들에 익숙했다. 그들은 율리우스 카이사르Julius Caesar의 시해 사건을 잘 알고 있었으며, 이렇게 이야기가 흘러가는 방식에 너무도 익숙했다.

그러나 예수님의 말씀에 따르면, 이제 도래하는 하나님의 통치 방식은 이러한 패턴을 따라가지 않는다. 하나님의 통치는 강압과 압제가 아니라 이스라엘 백성의 해방을 의미하는 것이다. 하나님께서 그분의 왕관을 차지하신다는 것은 통치가 아니라 새로운 구원의 시대를 여는 것을 의미한다. 예수님께서는 자신의 말씀을 들으러 온 자들에게 하나님의 왕권이 발현되었음을 부인할 수 없도록 가르치시고자, 다음과 같이 말씀하셨다.

> "그러나 내가 만일 하나님의 손을 힘입어 귀신을 쫓아 낸다면 하나님의 나라가 이미 너희에게 임하였느니라" (눅 11:20).

당신이 만약 사람들이 억압에서 풀려나 해방된 것을 보았다면, 바로 '**그곳에서**' 하나님의 통치가 이루어진 것이다. 예수님은 자신을 따르는 사람들을 구원하시는 하나님의 통치를 선포할 특사로 삼으셨다. "하나님의 나라를 전파하며 앓는 자를 고치게 하려고 내보내시며"(눅 9:2). 만일 당신이 죄와 사망으로 망가진 이들이 치유되고 회복되는 것을 본다면, 당신은 '**그곳에서**' 하나님의 통치가 실현된 것을 본 것이다.

예수님께서는 자신을 따르는 사람들에게 "아버지의 나라

가 오게 하시며"라고 외치도록 **그렇게** 가르치셨다. 이는 "아버지, 치유하시는 당신의 통치를 우리가 살아가는 이 세상 가운데 더욱더 뚜렷하게 나타내소서. 당신의 통치가 병든 자들에게, 그리고 여전히 악의 손아귀에 놓여 있는 이곳에서 더욱 확고하게 나타나게 하소서."를 의미한다.

예수님은 또한 제자들에게 "아버지의 나라가 오게 하시며"라고 기도하도록 가르치셨다. 왜냐하면, 하나님의 통치가 아직 우리가 원하는 방식으로, 우리 눈앞에 나타나지 않았기 때문이다. 그래서 우리는 이 불편한 진리를 외면해서는 안 된다. 하나님의 통치에 대하여 예수님께서는 이렇게 말씀하셨다.

> "우리가 하나님의 나라를 어떻게 비길까? 또는 무슨 비유로 그것을 나타낼까? 겨자씨와 같으니, 그것은 땅에 심을 때에는 세상에 있는 어떤 씨보다도 더 작다. 그러나 심고 나면 자라서, 어떤 풀보다 더 큰 가지들을 뻗어, 공중의 새들이 그 그늘에 깃들 수 있게 된다."(막 4:30-32 표준새번역)

또 다른 장소에서 예수님은 이렇게 말씀하시기도 했다.

"천국은 마치 여자가 가루 서 말 속에 갖다 넣어 전부 부풀게 한 누룩과 같으니라"(마 13:33). 하나님의 통치는 예수님의 사역을 통해 이 세상에 드러난다. 그러나 사람의 눈으로 쉽게 알아볼 수 있는 방식은 아니다. 우리는 그것을 믿음으로 바라보지만, 언제 어떤 방식으로 실상이 이루어질지는 알지 못한다.

'이미-그러나-아직'이라는 하나님에 통치의 본질을 설명하기 위해 현대의 성경 주석가들이 자주 사용하는 예화가 하나 있다. 1944년 6월, 제2차 세계대전에서 연합군이 프랑스에 거점을 확보한 작전인 'D-Day'와 그로부터 11개월 후, 나치 독일이 무조건 항복을 선언한 'V-E Day' 또는 "Victory in Europe Day(유럽 승전의 날)"을 구분하는 것이다.[27] 역사가들은 그 당시를 회고하며, 연합군이 노르망디 해변에 상륙한 순간 이미 전쟁은 사실상 끝났다는 것을 알 수 있었다고 말한다. 비록 이듬해 5월, 독일이 항복하기 전까지도 여전히 죽음의 수용소가 계속 운영되었고, 더 많은 군인과 민간인들이 계속 목숨을 잃어야 했음에도 불구하고, 'D-Day' 상륙작전으로 나치Nazi 정권의 종말이 다가왔음을 분명히 직감할 수 있었다.

우리도 이처럼 비슷한 의미를 가진 중요한 두 날day 사이에 사는 것 같다. 우리는 결코 무너뜨릴 수 없는 하나님의 통치가 증명된, 예수님의 삶과 죽음, 그리고 부활의 시점을 돌이켜보며, 그것을 신학적으로 'D-Day'라고 부른다. 진정으로 하나님의 변혁적인 세계 정복은 그분의 아들이 부활의 아침에 무덤에서 일어났을 때 이루어졌다. 그러나 고통은 여전히 계속되고 있으며, 우리는 이런 보편적이지 않은 종말이 하루속히 임하기를 여전히 갈망하고 있다. 이러한 시점에서 우리는 그리스도께서 영광 중에 다시 오실 것을 기다리며, 모든 싸움이 끝나는 날에 대한 소망을 붙잡는다. "그뿐 아니라 또한 우리 곧 성령의 처음 익은 열매를 받은 우리까지도 속으로 탄식하여 양자 될 것 곧 우리 몸의 속량을 기다리느니라"(롬 8:23).

우리는 하나님께서 언젠가 우리를 위해, 그리고 모든 피조물을 위해, 예수님을 죽음에서 일으키신 것처럼 일으키실 것을 알고 있다. 그러나 지금 당장은 울며 버티면서 기다려야 한다. 이것이 우리가 "아버지의 나라가 오게 하시며"라고 계속 기도해야 하는 이유다. 이 기도에는 이러한 깊은 의미가 담겨 있다. "아버지여, 이제는 당신의 세상을 타락시키고 노예로 삼는 악한 세력과 대항하여 당신이 승리하셨다는 더 많은 증거를 우리가 보게 하소서. 우리에게 승리가 죽음을 삼켜버릴 그 위대한 날에 대한 더 확실한 증거를 보여주소서.

예수님께서 부활하신 사건이 단순히 일회적인 사건이 아니라 우리를 휩쓸어 그분의 변화에 동참하도록 하는 사건이었음을 깨달을 수 있도록 도와주소서."

이와 관련하여 칼 바르트Kal Barth는 이렇게 말했다.

> "우리는 기다리고 있습니다. 부활절이 온 세상을 위한 기념일이 되기를!"[28]

간구 III

아버지의 뜻이 하늘에서와 같이 땅에서도 이루어지게 하소서

아버지의 뜻이 하늘에서와 같이 땅에서도 이루어지게 하소서

지금 내가 이 한 문장을 쓰는 동안에, 2명의 어린아이가 말라리아로 사망했고, 약 12명의 5세 미만의 어린이들이 굶주림으로 죽었으며, 전세계에서 100명 이상의 아기들이 자궁에서 낙태되었다. 이런 사실은 제임스P. D. James의 저서 「알려지지 않은 병자The Private Patient」의 마지막 부분을 떠올리게 한다. "만일 지구상의 모든 생명체의 고통스러운 울부짖음을 하나로 모은다면, 그것은 하늘의 별들도 뒤흔들어 놓을 것이다."[29] 안타깝게도 하나님의 귀에는 항상 끔찍한 고통의 합창과도 같은 피조물들의 비명이 쏟아진다.

하나님의 삶이 성부와 성자와 성령이 나누는 순전한 사랑의 기쁨으로만 가득하다면, 이러한 하나님의 모습과 지금 일어나고 있는 모든 끔찍한 일들 간의 부조화는 부조리하다. 주기도문의 세 번째 간구는 우리를 바로 이 문제에 직면하게 한다. "아버지의 뜻이 하늘에서와 같이 땅에서도 이루어지게 하소서."라고 기도할 때, 우리는 오히려 하나님의 뜻이 세상에서 이루어지지 않고 있음을 알게 된다. 그래서 우리는 하나님께서 이러한 모순을 극복하고, 이 땅에서의 삶이 점점 더 평화롭고 즐거운, 하늘에서의 삶과 같이 되도록 인도해 주시기를 탄원하는 것이다.

탄원하는 기도를 할 때, 우리는 우리 자신을 '정상'으로 보이는 것에 저항하는 자세를 취한다. 만약 암, 에이즈(AIDS), 마약, 성 노예, 만족할 줄 모르는 탐욕, 유독성 폐기물로 가득 찬 세상이 우리에게 "원래 세상은 이런 곳이다."처럼 보이게 한다면, 탄원하는 기도는 우리에게 이 세상과는 다른 세계를(하나님 창조하신 의도 그대로 존재하는) 꿈꾸도록 초청한다. 그리고 지금과 같은 세상이 얼마나 비정상적인 세상인지 깨닫게 해줄 것이다. "아버지의 뜻이 이루어지게 하소서."라고 기도하는 것은, 현재 세상에 존재하는 고통을 적절하게 수용하고, 지금부터라도 하나님께서 이 세상을 변화시키기 시작하실 것이라는 확신을 붙잡는 것이다. 미국 신학자

데이비드 웰스David Wells는 이렇게 말했다.

> 탄원하는 기도는 두 가지 역설적인 신념이 양립하는 상황에서 왕성하게 나타난다. 첫 번째 신념은, 하나님의 이름이 온전히 거룩히 여김을 받지 못하고, 하나님의 나라는 너무 제한적으로만 임하며, 하나님의 뜻이 제대로 이 땅에서 이루어지지 않는다고 믿는 것이다. 두 번째 신념은, 하나님께서 스스로 이런 상황을 얼마든지 변화시키실 수 있다고 믿는 것이다. 그러므로 탄원하는 기도는 우리가 직면한 삶이 한편으로는 그렇지 않을 수도 있으며, 다른 한편으로는 그렇지 않아야 한다는 소망을 표현하는 것이다. … 탄원하는 기도는 하나님과 그분의 세상이 서로 어긋나고 있음을 분명하게 깊이 인식하며 기도하는 것이다.[30]

그래서 우리는 하나님의 통치가 더욱 가시화되기를 기도함으로써, 하나님 나라의 완전함이 이 땅에 이루어지기를 구하고, 타락의 여파가 잠잠해지기를 구하며 이렇게 선포하는 것이다. "하나님이여 주는 하늘 위에 높이 들리시며 주의 영광이 온 세계 위에 높아지기를 원하나이다"(시 57:5). 우리는 사실상 지금 세상에 맞서 저항하면서, 이 세상에 마침내

완성될 하나님의 나라를 더욱 깊이 맛보게 되기를 간구하고 있다.[31]

하지만 어떻게 이런 일이 일어날 수 있을까? 어떻게 하나님은 우리의 간구에 응답하셔서, 하나님의 뜻이 하늘에서와 같이 땅에서도 이루어지게 하실까? 그 질문의 답을 얻기 위해, 우리는 주기도문을 고백하는 것의 의미에 대해, 예수님께서 자신의 삶을 통해서 어떻게 보여주셨는지 다시 살펴보아야 한다.

십자가에 못 박히시기 전날, 예수님께서는 그분이 전에 제자들에게 가르치신 대로 기도하셨다. “내 아버지여 만일 할 만하시거든 이 잔을 내게서 지나가게 하옵소서 그러나 나의 원대로 마시옵고 아버지의 원대로 하옵소서 … 내 아버지여 만일 내가 마시지 않고는 이 잔이 내게서 지나갈 수 없거든 아버지의 원대로 되기를 원하나이다”(마 26:39, 42). 주기도문의 표현과 겟세마네 동산에서 예수님의 고뇌에 찬 부르짖음은 원어로 같은 표현을 사용한다(마 6:10, 26:39, 42 비교). 그리고 그 기도는 예수님께서 그분의 가혹한 운명을 벗어나지 **못하는** 방식(물론, 당시에는 그것이 하나님의 뜻이 이 땅에 이루어지는 방식이었다)으로 응답되었다. 그분은 체

포되고, 재판을 받고, 구속되고, 채찍질 당하였으며, 십자가에 못 박혔다. 이것을 가지고 과연 하늘의 평화가 이 땅의 어둠을 소멸시켰다고 말할 수 있을까?

그렇다면 우리는 어떻게 해야 할까? 어떻게 하면 겟세마네 동산에서 예수님께서 드린 기도와 이 땅에 이루어진 하나님의 뜻이 무엇을 의미하는지 좀 더 잘 이해할 수 있을까? 바로 그렇다. 죄와 사망으로 점철된 세상에서, 하나님의 뜻이(하나님의 온전함과 생명과 사랑) 세상에 뿌리를 내리려면 이 죄와 사망을 완전히 정복해야만 한다. 그러나 이 말은 하나님은 건강과 아름다움, 기쁨이 가득할 때만 나타나는 분이라는 뜻은 아니다. 하나님은 괴로움이나 절망, 고통 가운데 반드시 계신다. 왜냐하면, 하나님께 사랑의 승리가 보장되기 위해서는 하나님께서 친히 우리가 세상에서 만들어낸 공포와 맞서 그것을 견뎌내시고 제거해버리셔야만 하기 때문이다. 하나님의 뜻은 십자가 위에서 돌아가신 예수님의 죽음의 신비가 내재 된 것이어야만 확실한 하나님의 뜻이 될 수 있다. 다른 모든 해결책은 임시방편일 뿐이며, 필연적인 대결을 미루는 것에 지나지 않는다.

만일, 하나님의 뜻이 죄로 물든 이 세상에서 이루어지려면, 예수님께서 이 세상의 고통 가운데 온전히 들어가신 것도 하나님의 뜻이어야만 한다. 하나님의 뜻을 이루는 확실한 길은 예수님의 고난으로 **말미암는** 것이지, 회피함에 있는 것이 아니다. 오직 이 세상의 악으로 들어가 이겨야만 예수님은 우리를 우리가 간구하는 회복으로 인도하실 수 있다.

하늘에서 이루어지는 하나님의 뜻은 어떠한 고통이나 죽음도 훼손할 수 없는 성부와 성자와 성령의 완전하고 영원한 사랑에 있음이 분명하다. 다분히 이해하기 어렵지만, 하나님의 뜻은 성육신하신 예수님을 우리의 고통과 죽음으로 가득 찬 이 세상으로 보내어, 그분을 조롱하고, 침 뱉고, 결박하고, 결국 죽게 하는 것이었다. 이것이 우리가 사는 세상이 구원을 얻을 수 있는 유일한 길이기 때문에, 하나님의 뜻이 하늘에서와 같이 땅에서도 이루어진 것으로 나타나게 되는 것이다.

아마도 이 지점이 **우리**가 **하나님**께 탄원할 때, 우리가 뜻하는 바를 이루어 달라고 요청하는 기도를 중단해버리기 가장 쉬운 지점일 것이다. 기독교 전통에 따라서 하나님을 영원불변하신 분이라고 고백하는 것이 정말로 옳다면, 우리가 하나님께 응답해 달라고 기도하는 것이 무슨 의미가 있을까? 하나님의 나라가 임하고 하나님의 뜻이 이 땅에서 이루어지기를 간구하는 우리의 기도가, 과연 하나님께서 그분의 나라를 인도하시고 그분의 뜻을 나타내시도록 하는 것이라고 할 수 있을까?

마르틴 루터Martin Luther는 탄원 기도의 목적이 하나님께서 하지 않으실 일을 하게 하려고 노력하는 것이 아니라는 점을 명확히 알고 있는 많은 그리스도인 중 하나였다. 대신, 루터는 하나님의 나라와 그분의 뜻이 분명하게 나타나기를 간구하는 것은(우리의 어떤 노력과도 상관없이) 우리의 마음을 넓혀 더욱 참되고 거대한 현실을 갈망하는 법을 배우는 것이라고 주장했다. 영국의 극작가인 윌리엄 니콜슨William Nicholson이 쓴 섀도우랜드Shadowlands라는 연극과 영화 중에서 C. S. 루이스는 이처럼 말했다.

> "나는 나 자신을 도울 수 없으므로, 기도합니다. 나는 무력하므로, 기도합니다. 나는 깨어 있든, 잠들어 있든, 내 안에서 늘 필요가 흘러나오기 때문에 기도합니다. 그 기도는 하나님을 바꾸어 놓는 것이 아닙니다. 그 기도는 나를 변화시키는 것입니다."[32]

간구 IV

오늘 우리에게 일용할 양식을 주시고

오늘 우리에게 일용할 양식을 주시고

세계를 뒤흔든 종교개혁가로서 위대한 업적을 남긴 마르틴 루터Martin Luther가 죽은 후, 그의 시신을 수습하기 위해 그의 방에 온 친구들은 루터가 죽기 전 마지막에 쓴 메모를 발견했다.

"우리는 거지다. 그것이 진리다.We are beggars, that is true."[33]

인간이 된다는 것이 무엇을 의미하는지, 루터는 자신이 한평생 어렵게 깨달은 신학적 관점을 휘갈겨 쓴 한 줄의 글귀로 요약했다. 우리는 모두 하나님의 은혜에 전적으로 의존하고 있다. 우리의 공덕功德은 하나님의 은총을 받기에 턱없이 부족하다. 따라서 루터의 마지막 메시지는 주기도문의 주제 중의 하나를 잘 표현하고 있다. 우리는 자립自立과는 거리가

면 가난한 피조물이며, 계속 살아가기 위해 외부의 에너지에 끊임없이 의존해야만 하는 존재다. 우리는 거지나 마찬가지로, 양식과 피난처를 얻을 수 있는 유일한 희망은 누군가의 긍휼矜恤뿐이다.

예수님은 "오늘 우리에게 일용할 양식을 주시고"라고 가르치시면서, 무엇보다도 우리가 자기 자신을 하나님과의 관계 안에서 보도록 훈련 시키신다. 예수님은 신분身分 의식에 사로잡힌 제자들을 일깨우기 위해 이렇게 말씀하셨다. "진실로 너희에게 이르노니 너희가 돌이켜 어린아이들과 같이 되지 아니하면 결단코 천국에 들어가지 못하리라"(마 18:3). 어린아이들에 대한 분명한 사실이 한 가지 있다면, 그것은 **의존성**이다. 아기에게 부모나 보호자가 젖을 먹이지 않으면 그 아이는 반드시 죽게 될 것이다. 예수님 말씀에 따르면, 이러한 의존성은 우리가 의식하든 의식하지 않든 성인이 될 때까지 우리의 정체성으로 남아 있다. 하나님께서 우리를 향한 그분의 공급을 거두신다면, 우리는 어떻게 될까? 그때 우리는 서서히 시들어가는 정도가 아니라, 그 즉시 멈추어 존재하지 않게 될 것이다.

나의 논문을 지도하셨던 교수분께서 한 번은 창조와 신의 섭리에 대한 기독교 교리를 전원이 연결되어있는 TV에 비유하신 적이 있다. 누군가 TV의 코드를 뽑아버렸을 때, 화면 속의 등장인물들은 점차 희미해져 가거나, 화면이 완전히 암전될 때까지 말과 몸짓이 서서히 느려지지도 않는다. TV의 전원이 끊기면, 그 즉시 화면의 빛은 사라져 버린다. TV에는 자체적인 전원이 존재하지 않는다. 오직 계속해서 전기가 공급될 때만 TV 화면의 이미지가 유지된다. 마찬가지로 우리도 "그의 능력의 말씀으로 만물을 붙드시는"(히 1:3) 하나님께 철저히 **계속해서** 의존하고 있다. 그래서 주기도문에 '오늘today'이라는 단어가 포함되어 있는 것이다. 인간을 창조하시고 그 생명을 지키시는 하나님은, 놀이터에서 알아서 잘 놀겠거니 하며 아이들을 방치한 채, 스마트폰 삼매경에 빠진 철없는 부모들처럼 한시도 무관심한 적이 없으시다. 오히려 우리는 매 순간 하나님의 공급하심에 의지해 왔다.

그래서 우리는 이러한 공급을 요청하라는 예수님의 가르침을 결코 간과해서는 안 된다. 19세기 성공회 신부이자 신학자인 F. D. 모리스Maurice는 사순절 기간(부활절 전, 40일 동안으로 광야에서 금식하고 시험받으신 그리스도의 수난을 묵상하는 기간)에 많은 기독교인이 사치품이나 음식과 같은 것들을 절제하며 금식하는 과정에서, 부유하고, 잘 먹고 잘 사는 사람들일수록 특별히 이러한 간구를 더욱더 깊이 묵상해야 한다고 권면했다.

> 어떤 기독교인들은 "오늘 우리에게 일용할 양식을 주소서"라고 엄숙히 기도할 때, 내심 하나님을 조롱하는 경향이 있으며, 음식 먹는 것을 비롯한 다른 모든 축복을 불의不義가 아니고서는 하늘과 땅의 어떠한 권력도 빼앗을 수 없는 그들의 권리처럼 여긴다. 그러나 이 모든 것이 그들만의 것이라 할 수는 없다. 그들의 숨겨진 기억 속에는 남들에게는 사소한 것일지라도 **의존성**을 일깨워주는 것들이 있다. 그들에게는 그들이 자신의 것이라고 부를 수 없는 혈과 육이 있는 수백만의 피조물들이 존재한다는 사실이 유용한 단서가 될 것이다.[34]

모리스는 건강한 그리스도인들은 사순절 기간에 육식을 멈춤으로써, "이 음식은 그분이 **베풀어 주신** 선한 것임을 다시 기억하고자 한다."라고 말했다.[35] 하나님께서 그들에게 당연히 먹을 것을 빚진 것이 아님에도 불구하고, 기꺼이 공급해주실 것을 믿고, 그래서 더욱 진실하고 겸손한 마음으로 "오늘 우리에게 일용할 양식을 주소서."라고 기도하려고 애쓰는 것이다. 잠시 자발적으로 일용할 양식 없이 지내는 것이 당신이 얼마나 그것에 의존하고 있는지를 깨닫게 하며, 이 일용할 양식을 얻는 일에 당신이 얼마나 무력한지를 깨닫는 데 도움이 될 것이다.

예수님은 그분의 제자들에게 명령하신 바와 같이 스스로 하나님께 의존하는 삶의 모범이 되셨다. (이것은 우리의 반복적인 주제다. 칼 바르트Karl Barth가 말했듯이, "사령관은 … 그 명령을 구현한다."[36]) 주기도문 각각의 간구는 우리를 위한 가르침 이전에, 예수님의 성품과 행동을 직접 보여주는 창이다.

예수님은 회개한 이스라엘 백성들과 함께 요단강에서 세례를 받은 후, 공생애를 시작하기 전, 광야에서 금식하시는 동안, 배고픔에 갉아 먹히는 경험과 더불어, 생존을 위해 하나님을 의지하는 삶의 의미를 알게 되셨다. 이런 예수님의 모습을 누가복음은 이렇게 기록한다. "이 모든 날에 아무것도 잡수시지 아니하시니 날 수가 다하매 주리신지라"(눅 4:2). 예수님의 허기지심을 틈타, 마귀가 나타나 광야의 돌을 따뜻한 떡으로 바꾸는 기적을 행할 것을 제안했지만, 예수님은 그 제안을 거부하셨다. 예수님은 하나님께서 이스라엘 백성들에게 만나를 공급해주셨던 이야기를 인용하시며

"기록된 바 사람이 떡으로만 살 것이 아니라 하였느니라(눅 4:4, 신 8:3 인용)"고 대답하셨다. 예수님은 자기 자신을 의지하는 반항적인 자세를 거부하시며, 오히려 자신을 유혹하는 존재에게 나는 나의 아버지께서 아버지의 방식대로 나에게 일용할 양식을 주실 때까지 기다리겠다고 말씀하셨다.

결국, 이것이 예수님께서 하시고자 한 말씀의 요점이다. 출애굽 당시, 이스라엘 백성들은 진정한 자유를 얻는 과정에서 하나님을 전적으로 의지하는 것에 대해 거듭 시험과 유혹을 당했다. 그들은 마른 땅을 걸어 홍해 한가운데를 통과하였지만, 얼마 되지 않아 그들 자신이 부어 만든 신에게 제단을 쌓았다. 애굽 땅에 남겨두고 온 풍요로움이 마음속에 떠오르자마자, 그들은 하나님께서 그들을 속였다고 생각한 것이다. 이것이 하나님께서 빵을 만들기 위해 씨를 뿌리고 수확하고 타작하고 굽는 과정을 기다리지 않고 만나를 이스라엘 백성들에게 주신 이유다. 예수님께서 인용하신 신명기 말씀에 따르면, 모세는 백성들에게 다음과 같이 명령했다. "너를 낮추시며 너를 주리게 하시며 또 너도 알지 못하며 네 조상들도 알지 못하던 만나를 네게 먹이신 것은 사람이 떡으로만 사는 것이 아니요 여호와의 입에서 나오는 모든 말씀으로 사는 줄을 네가 알게 하려 하심이니라"(신 8:3). 예수님께서는 그분의 순종을 통하여 자신의 기도를 완성하셨다. 그분은 만나를 주시는 하나님, 곧 그분이 '아버지Father'라고 부르는 오직 한 분을 신뢰하는 모습을 직접 보여주셨다.

요한복음 6장에서 예수님은 다시 한번 구약성경에 나오는 광야에서 만나에 관한 이야기를 하신다. 유대의 종교 지도자들은 그분과의 논쟁을 벌이며, 예수님께 표적을 구한다. "그러면 우리가 보고 당신을 믿도록 행하시는 표적이 무엇이니이까, 하시는 일이 무엇이니이까"(요 6:30). 그들은 계속해서(마치 도와주려는 것처럼) 예수님께서 하시려는 일을 그들의 마음에 두고 요구한다. "기록된 바 하늘에서 그들에게 떡을 주어 먹게 하였다 함과 같이 우리 조상들은 광야에서 만나를 먹었나이다"(요 6:31). 그들은 예수님께서 모세와 같이 하늘에서 양식을 내려주시고, 바위에서 물이 솟아나게 해주셔야 한다고 말하는 것처럼 보인다.

그러나 신기하게도, 예수님께서 그들에게 대답하실 때, 예수님을 대적했던 사람들이 했던 과거 하나님의 기적적인 돌보심에 관한 이야기가 예수님의 입술을 통하여 그 즉시 현실이 되었다. "내가 진실로 진실로 너희에게 이르노니 모세가 너희에게 하늘로부터 떡을 준 것이 아니라 내 아버지께서 너희에게 하늘로부터 참 떡을 주시나니 하나님의 떡은 하늘에서 내려 세상에 생명을 주는 것이니라"(요 6:32-33). 그리고서, 그들이 본질을 놓칠 경우를 대비해, 예수님은 그분의 말이 의미하는 바를 설명해주셨다.

> "내가 곧 생명의 떡이니라 너희 조상들은 광야에서 만나를 먹었어도 죽었거니와 … 나는 하늘에서 내려온 살아 있는 떡이니 사람이 이 떡을 먹으면 영생하리라 내가 줄 떡은 곧 세상의 생명을 위한 내 살이니라"(요 6:48-51)

예수님은 만나가 한시적인 양식이었다고 말씀하셨다. 떡은 사람을 먹여 살릴 수는 있지만, 영원히 살도록 할 수는 없다. 영생을 위해서는 더 강하고, 더 지속적인 양식이 필요하다. 그리고 그 영원한 양식은 우리의 필요를 위해 내어주신 그분의 생명이다(사람들은 예수님께 만나와 같은 표적을 보여달라고 요구하면서도, 예수님이야말로 하나님이 영생을 위해 내려주신 "생명의 양식"이며 예수님 자신이, 곧 하나님이 주신 표적임을 깨닫지 못했다. 역주). 예수님은 이렇게 약속하셨다. "내 살을 먹고 내 피를 마시는 자는 영생을 가졌고 마지막 날에 내가 그를 다시 살리리니 내 살은 참된 양식이요 내 피는 참된 음료로다"(요 6:54-55).

예수님께서 세상을 위한 양식으로 내어주신 그분의 육체와 생명의 떡에 대한 말씀을 듣고 주기도문으로 다시 돌아와 보면, 우리에게 간구하게 하신 일용할 양식이 바로 예수님 **자신임**을 부인할 수 없게 된다. 시몬 베유Simone Weil는 그녀의 주기도문 명상록에서 "그리스도는 우리의 양식"이라고 말했다.[37] 이것은 동양과 서양을 아우르는 모든 교회가 성찬이 분배되기 전에 왜 주기도문을 고백하는지에 대하여 설명해준다. 집례자는 떡과 포도주를 거룩하게 하고, 신자들을 위해 성령님께 이 떡과 포도주가 그리스도의 살과 피가 되게 하여 주시기를 구한다. 예배자들은 이 은혜의 선물을 받기 위해 올라감으로써, 앞서 기도했던 "오늘 우리에게 일용할 양식을 주시고"라는 기도의 응답을 받는 것이다.

성찬식에서 예수님은 자기 자신을 우리 손 위에 올려놓으심으로써, 우리가 그분을 어디에서 발견해야 할지 정확히 깨닫게 하신다.[38] 그 순간, 우리는 우리의 진정한 공급자가 되시는 하나님을 의심할 여지가 없어진다. 방금 그분의 공급하심 맛보았기에, 분명히 **깨닫게** 되는 것이다. 하나님은 우리에게 그분의 아들, 곧 생명을 주는 그의 육체를 내어주셨다.

간구 V

우리가 우리에게
잘못한 사람을
용서하여 준 것 같이
우리 죄를 용서하여 주시고

우리가 우리에게 잘못한 사람을 용서하여 준 것 같이 우리 죄를 용서하여 주시고

내 친구 중 한 사람이 자기 삼촌을 처음으로 성공회 교회에 데려갔던 이야기를 들려준 적이 있다. 매주 주일, 성찬을 받기 전에 성공회 예배자들은 이런 고백을 한다. "지극히 자비로우신 하나님, 우리가 당신께 생각과 말과 행동으로 죄를 지었음을 고백합니다. …" 내 친구의 삼촌은, 기도서에서 나오는 이런 용어들을 보고 몹시 불편함을 느꼈다. 나중에 그는 내 친구에게 이렇게 말했다. "정말로 **모든 사람**이 그 주에 죄를 지었다고 자백하기를 바라는 거니? 그렇다면 우리 각자가 모두 어느 정도는 죄를 인정해야만 한다는 뜻이잖아. 하지만 이미 죄에서 승리한 그리스도인들은 어떡하지? 절대로 사실이 아닌 것을 자백하도록 강요해서는 안 되는 거잖아."

'승리하는 그리스도인의 생활'이나 '완전한 거룩'과 같은 신학적으로 복잡한 사고를 거치지 않았음에도, 나는 내 친구의 삼촌이 핵심을 정확하게 짚어낸 것에 대하여 큰 충격을 받았다. 성공회 교회는 정규 예배 순서에 따라 죄를 고백함으로써, 그날 오전 예배에 참석하는 모든 사람이 죄를 고백해야 한다는 것을 전제로 하고 있다. 내가 내 친구의 삼촌과 생각이 다른 지점은, 이런 관행을 문제 삼기보다, 예수님께서 제자들에게 주기도문을 통해 주신 권면을 확장하여 교회에 적용한다는 점이다. 예수님은 그분의 설교를 듣기 위해서 언덕에 모인 모든 사람에게 "너희는 이렇게 기도하라"(마 6:9)고 말씀하시면서, "우리가 우리에게 잘못한 사람을 용서하여 준 것 같이 우리 죄를 용서하여 주시고"라는 고백을 포함하도록 가르치셨다.

신약성경의 다른 본문에서도, 우리가 정기적인 회개가 필요 없는 존재인 척 행동하는 위선이 얼마나 위험한지 경고하고 있다. 사도 요한은 그의 첫 번째 편지에서, 그의 편지를 받는 사람들 중에 몇몇은 세례를 받기 전 그들의 악행에 대하여 속이려 할 수도 있다고 가정한다. "만일 우리가 범죄하지 아니하였다 하면 하나님을 거짓말하는 이로 만드는 것이니 또한 그의 말씀이 우리 속에 있지 아니하니라"(요일 1:10).

그러나 이것과 더불어 더 교묘한 위험이 도사리고 있다. 과거의 죄에 대해 회개하고 하나님의 자녀가 되었음을 확신하는 성도들 중에서 과거의 실패는 인정하지만, 지금은 결백하다고 말하는 경우가 있다. 그러나 사도 요한은 이 또한 그럴 수 없다고 주장한다. 그는 더욱 격한 어조로 이렇게 말한다. "만일 우리가 죄가 없다고 말하면 스스로 속이고 또 진리가 우리 속에 있지 아니할 것이요"(요일 1:8). 사도 베드로가 첫 번째 서신에서 언급한 "그리스도께서 이미 육체의 고난을 받으셨으니 너희도 같은 마음으로 갑옷을 삼으라 이는 육체의 고난을 받은 자는 죄를 그쳤음이니"(벧전 4:1)라는 것이 무엇을 의미하든, 이 말씀을 우리 자신이 더는 일용할 자비와 용서가 필요하지 않은 존재라는 의미로 읽어서는 안 된다. 성공회 교회의 신학을 형성하는데 기초가 된 교리 조항은, 죄악이란 유전적 질병과 같아서 세례를 통해 단번에 치료할 수 있는 것이 아니라고 말한다. "이 본성적인 감염(원죄)은 계속 남아 있으며, 재생된다."[39] 예수님은 그분의 제자들로 하여금 "우리의 죄를 용서하여 주소서."라고 정기적으로 고백하도록 권면함으로써, 인간의 연약함에 대한 경계를 게을리하지 않는 신학적 관점의 궁극적인 출발점이 되셨다.

우리가 세례를 받으면서 일회성으로 "우리의 죄를 용서하여 주시고"라고 고백하는 것으로 그치지 않고, 반복적으로 죄를 고백한다는 사실은 원죄에 대한 의미심장한 무언가가 있다는 것을 의미한다. '죄'라는 단어는 우리 중 많은 사람에게 어린 시절 우리가 몰래 훔쳐 먹었던 쿠키나, 청소년기에 성적인 연약함에 대해 설교하시던 전도사님들의 메시지를 떠올리게 한다. 우리는 '죄'라는 단어를 금지된 쾌락을 향한 끌림을 예방하는 차원에서 사용되는 설교 용어라고 생각한다. 그러나 예수님은 쿠키를 훔치거나 배우자를 속이는 것과 같은 나쁜 습관들을 뛰어넘을 수 있는 사람들도 "우리의 죄를 용서하여 주소서."라고 계속 기도하기를 바라시는 것 같다. 주기도문을 통한 이러한 권면은 개인의 사소한 실수나 개선할 수 있는 습관들보다 더 깊고, 넓으며, 더 광범위하고 매우 다루기 힘든 것들을 대상으로 한다. 예배의 언어로 돌아가서, 예수님은 죄에 관하여 "우리가 한 일과 … 우리가 하지 않은 일"의 관점에서 접근하기를 권하시는 것으로 보인다.[40] 순전히 당신의 노력으로 죄를 극복해왔다고 생각하지는 않겠지만, 다른 한편으로 당신은 여전히 죄의 수렁 속에 빠져 있다. 지난 한 주간, 쿠키를 훔치거나 불륜을 저지르지 않았다고 자축하는 것으로는 충분하지 않으며, 따라서 주일에 주기도문의 다섯 번째 간구를 드려야 할 의무에서 벗어났다고 할 수도 없다.

히포의 아우구스티누스Augustine of Hippo는 당대의 어떤 누구보다도 죄의 진정한 깊이를 더 잘 이해한 사람이었다. 비록 우리가 항상 선을 행하고 경건의 습관을 갖는 일에 있어 엄청난 진전을 이루었다 하더라도, 여전히 왜 우리는 스스로를 죄인으로 여겨야만 하는지에 대해 설명하기 위해, 아우구스티누스는 예수님께서 말씀하신 하나님 율법의 핵심이자 가장 큰 계명에 초점을 맞췄다. "네 마음을 다하고 목숨을 다하고 뜻을 다하여 주 너의 하나님을 사랑하라"(마 22:37, 신 6:5 인용).

아우구스티누스는 많은 그리스도인이 그들의 하나님을 사랑하며 주主로 고백한다고 인정했다. 그러나 우리 중 누가 하나님께 마음을 **다하고**, 목숨을 **다하고**, 뜻을 **다하여** 사랑한다고 자신있게 말할 수 있을까?[41] 아우구스티누스는 끈질기게 위선적인 상태에 있는 우리를 그대로 내버려 두지 않았다. 우리 중 누가 진지한 얼굴로 하나님을 향한 충성과 헌신을 거둔 적이 없다고 말할 수 있을까? 그리고 어쨌든 우리가 그렇게 말할 수 있다 하더라도, 우리는 아직 두 번째 큰 계명인 "네 이웃을 네 몸과 같이 사랑하라"(마 22:39, 레 19:18 인용)를 고려해 보지도 않은 것이다. 만약 우리가 기적적으로 모든 존재를 담아 하나님을 사랑할 수 있었다 하더라도, 우리 중 최고인 그 누군가조차도 우리가 자신을 위해 베푸는 존중과 이해와 아량과 같은 수준으로 주변 사람들을 사랑할 수 없다는 것을 경험적으로 발견하게 된다. 이것이 바로 예배에서 성찬을 받기 전에 이렇게 기도하는 이유다. "우리는 온 마음으로 당신을 사랑하지 못했습니다. 우리는 우리의 이웃을 우리 자신처럼 사랑하지 못했습니다. 우리는 진심으로 사죄하며, 겸손히 회개합니다."[42]

이처럼 인간의 부패에 대해 깊고 어두운 관점을 가지게 되면, 신앙적 자부심을 느끼기가 점점 더 어려워지고, 마찬가지로 점차 자신이 다른 사람들보다 낫다는 생각도 하기 어려워진다. 우리는 기독교의 원죄에 대한 교리를 돌아보고 있는데, 프란시스 스퍼포드Francis Spufford는 "저녁 만찬 파티에서 자리를 비운 친구에 대해 떠들어 대면서, 그가 돌아오면 상처가 될만한 이야기를 그저 재미 삼아 늘어놓는 것"은 실제로 살인을 저지르는 것과 다를 바 없는 행동임을 생생하게 묘사한다. 이런 것들이 한편으로는 생명을 앗아갈 수도 있고, 다른 한편으로는 영혼의 일부를 망가뜨릴 수도 있지만, 둘 다 '자기 만족적인 미소'에 의해 동기부여가 된 것으로, 가해자와 피해자 모두에게 엄청난 피해를 준다.[43] 그래서 "우리 죄를 용서하여 주시고"라고 우리가 간구할 때, 하나님께서는 우리를 자유하게 해주신다.

주기도문의 다섯 번째 간구에 관한 문제 중 하나는, 마치 우리가 다른 사람들을 용서하느냐 마느냐에 따라 하나님께서 조건적으로 우리를 용서하시는 것처럼 보이게 한다는 것이다. 적어도 수없이 많은 그리스도인이 다섯 번째 간구의 양면성과 상호 간의 관계를 다음과 같이 해석해왔다. 많은 경우, "우리가 우리에게 잘못한 사람을 용서하여 준 것 같이 우리 죄를 용서하여 주시고"는 "우리가 우리에게 죄를 지은 사람들을 용서했으니, 우리의 죄도 용서하소서."를 의미한다. 종교개혁자들은 이런 해석을 조장하는 부류에 대하여 매우 염려했다. 그들의 경험에 비추어 볼 때, 소위 도덕적인 행위와 노력을 하나님의 자비를 얻는 물물교환 칩chip처럼 사용하려는 사람들은 대부분 하나님에 대한 은밀한 두려움 속에 살아간다. 만약 여러분이 용서를 얻고자 할 때, 하나님께서 여러분을 용서해 주시는 대가로, 다른 사람을 용서하려는 여러분의 노력이 필요하다고 하신다면, 여러분은 매우 두려움이 가득한 성도여야 하며, 여러분이 충분한 기록을 보여주지 못한다면 하나님의 시야에서 당신을 쫓아내실 수도 있다는 사실을 염두에 두어야 할 것이다.

마르틴 루터는 당신이 다른 사람들을 향한 당신의 관대함이 당신을 영적으로 궁지에 빠진 당신을 벗어나게 할 것으로 생각하고 있다면, 그것은 진정한 의미에서 관대함이 아니라는 사실을 즐겨 언급할 뿐이다. 자기보존이 아닌, 오직 사랑에 의해 동기부여 된 행동만이 참된 관대함이다. 만일 다른 사람들을 용서하고 섬기는 행동의 동기가 당신의 의를 강화할 필요성 때문이라면, 당신의 용서와 섬김에 대한 노력은 당신이 관심을 가지고 보살피려는 사람들을 향한 것이라기보다는 당신 자신 향한 것이다.

한편으로, 장 칼뱅John Calvin은 주기도문의 다섯 번째 간구를 읽는 또 다른 방법을 제안했다. 칼빈은 그의 저서인 「기독교 강요」 제3권에서 우리가 논의해 온 문제를 먼저 다룬다.

> 우리는 우리가 하나님께 용서받을 자격을 갖춤에 있어서 "우리가 우리에게 잘못한 사람을 용서하여 준 것 같이 우리 죄를 용서하여 주시고"라는 이 조건이 마치 [우리의 용서]가 [하나님의 용서]를 끌어낸 것처럼, 다른 사람들의 잘못을 용서한 일에 기인한 것을 뜻하는 것이 결코 아님을 명심해야 한다.[44]

칼뱅은 하나님의 용서가 절대로 우리의 행동에 따라 달라지지 않는다는 사도 바울의 견해에 사로잡혀 있었다. 반대로, 우리는 하나님께서 먼저 우리를 용서해 주셨기 때문에 다른 이들을 용서할 수 있게 되었다. 그 순서가 중요하다. 바울은 이렇게 기록했다. "서로 친절하게 하며 불쌍히 여기며 서로 용서하기를 하나님이 그리스도 안에서 너희를 용서하심과 같이 하라"(엡 4:32).

그래서 장 칼뱅은 우리가 주기도문을 이해할 다른 방법을 반드시 찾아야만 한다고 말했다.

> 주님은 이 말씀을 통해, 부분적으로 우리의 믿음의 연약함을 위로하고자 하셨다. 하나님은 이 말씀을 덧붙이심으로써, 우리 마음의 모든 분노와 질투와 복수심을 다 비워내고 깨끗하게 하여 다른 사람들을 용서할 때, 우리가 그렇게 용서했다는 사실을 인지하고 있는 것처럼, 그와 마찬가지로 우리 죄의 용서도 그만큼 확실하다는 확증을 주신 것이다.[45]

다시 말해, 칼뱅은 예수님께서 우리를 향한 하나님의 성품이 **실제로** 어떤 것인지 몸소 보여주셨고, 따라서 우리가 하나님으로부터 용서받을 수 있는 **조건**을 따로 제시하지 않으신다고 말한다. 당신에게 상처를 준 사람을 진실로 용서했을 때를 생각해 보라. 당신의 배우자나 형제가 당신을 소홀히 하거나, 굴욕감을 주거나, 배신한 것과 같이 나쁜 행동으로 상처를 줄 때 당신의 속이 뒤집혔던 것을 기억하라. 당신이 "나는 당신을 용서합니다."라고 큰 소리로 말했을 때, 당신을 휘감았던 긍휼함을 떠올려 보라. "나는 이 일로 다시는 당신을 나쁘게 생각하지 않을 것입니다. 그리고 이것이 더는 내가 당신을 사랑하는 것을 막지 못할 것입니다." 장 칼뱅은 하나님의 용서가 그토록 놀랍고 한없는 것이기 때문에, 당신이 하나님의 용서를 구할 때, 예수님께서 당신의 마음속에 함께하기를 원하시는 것이라고 말한다.

누가복음에서 예수님은 제자들에게 주기도문을 주신 후에 다음과 같이 말씀하셨다.

> 너희 가운데 아버지가 되어 가지고 아들이 생선을 달라고 하는데 생선 대신에 뱀을 줄 사람이 어디에 있으며, 달걀을 달라고 하는데 전갈을 줄 사람이 어디에 있겠느냐? 너희가 악할지라도, 너희 자녀에게 좋은 것을 줄 줄 알거든, 하물며 하늘에 계신 아버지께서야 구하는 사람에게 성령을 주시지 않겠느냐?(눅 11:11-13 표준새번역)

이것이 주기도문의 다섯 번째 간구에서 말하는, 소위 용서받기 위한 조건이다. "만약 당신이 사소한 원한을 풀고자 한다고 가정해 보자. 때가 왔을 때, 당신이 친구를 어떻게 용서해야 할지 알고 있다면, 당신이 필요할 때 하늘의 계신 아버지께서 당신을 얼마나 많이 용서해 주시겠는가!"

우리가 예배에서 주기도문을 고백하기 전에, 우리는 그분이 잡히시던 날 밤(배신의 밤) 예수님이 하신 말씀을 듣는다. 포도주잔을 그분의 손에 들고 말씀하시기를, "… 너희가 다 이것을 마시라 이것은 죄 사함을 얻게 하려고 많은 사람을 위하여 흘리는 바 나의 피 곧 언약의 피니라"(마 26:27-28). 잠시 후, 예배 가운데 우리는 "우리 죄를 용서하여 주시고"라고 고백하며, 그 순간 하나님께서 예수님으로 말미암아 그렇게 하실 것을 확신한다.

간구 VI

우리를 시험에 빠지지 않게 하시고

우리를 시험에 빠지지 않게 하시고

프란치스코 교황은 한 TV 인터뷰에서 주기도문의 표현을 바꿔야 할 때가 되었다는 말로 전 세계적으로 화제가 되었다. 교황은 흠정역 성경(KJV)을 사용하는 영어권 사람들이 여섯 번째 간구를 "우리를 유혹temptation에 빠지지 않게 인도하소서."라고 고백하는 것에 대하여 이렇게 말했다.

> 그것은 하나님에 대하여 유혹을 유발하는 분으로 묘사하기 때문에 좋은 번역이 아니다. 유혹에 떨어지는 사람은 나다. 하나님은 나를 유혹에 밀어 넣고 내가 어떻게 추락했는지를 보고 싶어 하시는 분이 아니다. 아버지는 그런 분이 아니시며, 오히려 당신이 바로 털고 일어날 수

> 있도록 도와주시는 분이다. 우리를 유혹에 빠뜨리는 것은 사탄이다. 그것이 사탄의 역할이기 때문이다.[46]

한편으로는 교황이 좋은 지적을 한 것으로 보인다. 기독교 신학에서 하나님은 절대로 악의 근원이 될 수 없다. 야고보는 이 문제를 다음과 같이 분명하게 규정했다. "사람이 시험을 받을 때에 내가 하나님께 시험을 받는다 하지 말지니 하나님은 악에게 시험을 받지도 아니하시고 친히 아무도 시험하지 아니하시느니라"(약 1:13). 인간은 자주 자신의 잔혹하고 어리석은 성향을 하나님께 투사하여, 하나님도 우리처럼 그저 재미나 심술궂은 마음으로 사람들을 죄악으로 유인한다고 상상한다. 그러나 예수 그리스도 안에서 우리가 보는 하나님은 전혀 그런 분이 아니시다. 하나님은 그분의 사랑을 거스르도록 부추기는 분이 아니시며, 우리를 죄에서 구원하셔서, 우리로 '거룩함'과 '선함'을 갈망하게 하시는 분이다. "오직 각 사람이 시험을 받는 것은 자기 욕심에 끌려 미혹됨이니"(약 1:14)라고 야고보는 우리가 하나님께 유혹을 받는 것이 아님을 다시 한번 강조한다.

하지만, 다른 한편으로 성경은 하나님께서 금속 세공인처럼 그분의 백성들의 믿음과 순종을 더욱 강하고 튼튼하게 만들기 위해 연단鍊鍛하시는 이야기를 수없이 다루고 있다. 가장 유명한 이야기가 이삭을 번제로 드릴뻔한 이야기다. 이 이야기에서 하나님은 그분과 언약을 맺은 아브라함의 충성심을 확인하기 위해 극한의 시험test으로 인도하셨다. "그 일 후에 하나님이 아브라함을 시험하시려고 그를 부르시되 아브라함아 하시니 그가 이르되 내가 여기 있나이다 여호와께서 이르시되 네 아들 네 사랑하는 독자 이삭을 데리고 모리아 땅으로 가서 내가 네게 일러 준 한 산 거기서 그를 번제로 드리라"(창 22:1-2). 결과적으로 이삭은 죽음의 칼날 앞에서 풀려났지만, 그의 아버지의 마음이 용광로에 들어가기 전까지는 그렇지 않았다. 아브라함의 믿음은 변함이 없었다. "네가 네 아들 네 독자까지도 내게 아끼지 아니하였으니 내가 이제야 네가 하나님을 경외하는 줄을 아노라"(창 22:12). 그러나 이것이 하나님께서 궁극적인 시험에서 그를 제외해주셨기 때문은 아니다.

하나님의 시험은 구약성경에서 그분이 이스라엘 백성들과 관계를 맺는 방식의 핵심이다. 이스라엘 백성들이 하나님과 함께하는 삶의 정점에서, 하나님은 그분의 백성들을 연단을 위한 자리에 올려놓으신다. 하나님은 시편 기자가 기도한 대로 행하신다. "여호와여 나를 살피시고 시험하사 내 뜻과

내 양심을 단련하소서"(시 26:2). 사랑하는 아들 이삭을 바치라는 명령을 받은 아브라함의 이야기처럼, 하나님께서는 우리도 영혼의 어두운 밤을 성찰하여 불순한 것들을 걸러내고, 믿음의 용기를 드러낼 수 있도록 초청하신다.[47] "우리를 시험에 빠지지 않게 하시고"라는 기도의 의미가 무엇이든지 간에, 하나님께서 정련하는 용광로의 뜨거운 열기에서 우리를 제외해주시리라는 것을 의미하지는 않는다. 그러한 순간이 다가오면, 우리는 세 친구였던 사드락과 메삭과 아벳느고와 같이 대답할 준비를 해야만 한다. "왕이여 우리가 섬기는 하나님이 계시다면 우리를 맹렬히 타는 풀무불 가운데에서 능히 건져내시겠고 왕의 손에서도 건져내시리이다 **그렇게 하지 아니하실지라도** 왕이여 우리가 왕의 신들을 섬기지도 아니하고 왕이 세우신 금 신상에게 절하지도 아니할 줄을 아옵소서"(단 3:17-18).

그렇다면 시련의 때에 하나님께 우리를 구원해 달라고 기도하는 것은 무엇을 의미할까? 가장 좋은 단서는 우리가 '유혹'이나 '시험'이라고 번역하는 단어의 어원을 참고하는 것이다. 이 단어들의 어원은 헬라어 '페이라스모스peirasmos'다. 이 단어의 구어적 표현은 마태복음에서 예수님이 요단강에서 세례를 받으신 직후에 나타난다. 이스라엘 백성들이 홍해를 통과해 광야 여정을 시작한 것처럼, 예수님도 세례를 받으신 후 광야로 들어가신다. 마태복음은 이 장면을 이렇게 표현한다. "그 때에 예수께서 성령에게 이끌리어 마귀에게 시험을 받으러 광야로 가사"(마 4:1). 여기에서 우리는 적어도 두 가지 부분에 주목해야 한다. 첫째, 우리는 하나님의 성령이 예수님께서 유혹에 직면하는 것을 막지 않으셨다는 것을 알아야 한다. 오히려 성령님께서 예수님을 그쪽으로 인도하셨다. 구약성경의 욥처럼, 하나님의 섭리 안에서 그리고 하나님의 섭리를 통해 극한의 시험에 직면하셨다. 시험을 받기 위해 유대 광야로 들어가신 예수님은 전혀 무지하거나 무감각한 상태가 아니셨다. 오히려, 하나님께서 그분을 위해 길을 예비하신 것이었다.

하지만, 둘째로, 하나님은 시험하시는 분이 아니시다. 그것은 사탄이 하는 일이다. 성령님은 이 무대의 감독이 되실 수는 있지만, 예수님과 함께 무대에 등장하는 악당 역할을 맡지는 않으신다.

헬라어 페이라스모스는 마태복음의 맨 마지막 장면에서 다시 등장한다. 예수님께는 제자들과 마지막 만찬을 드신 후, 그들과 함께 겟세마네 동산으로 떠나셨다. 그들이 겟세마네 동산에 도착하자, 예수님은 제자들에게 이렇게 권면하셨다.

"시험[peirasmos]에 들지 않게 깨어 기도하라(마 26:41)". 비록 제자들은 이 말뜻을 이해하지 못했지만, 우리는 이날이 예수님의 생애에서 가장 어두운 밤이 되리라는 것을 알고 있다. 인간의 모든 죄악이 예수님의 머리 위에서 독수리처럼 원을 그리며 그 동산으로 모여들고 있었다. 예수님은 자신의 대적들에게 선포하셨다. "이제는 너희 때요 어둠의 권세로다 하시더라"(눅 22:53). 그 '때'는 예수님께서 체포됨으로 막을 내렸고, 제자들은 큰 충격에 빠졌다. 그리고 몇 시간 후, 예수님은 밤늦게 부당한 재판을 받고 십자가에 못 박혀 죽음의 저주를 받게 되셨다.

예수님은 그분의 공생애 사역의 시작과 끝에서 가장 참되고 깊은 형태의 유혹과 시련에 직면하셨다. 그분은 유혹의 깊은 곳까지 들어가 시련의 고통스러운 숨결을 내뱉으며, 겟세마네에서 기도하셨고, 십자가상에서 돌아가셨다. 그분은 이 모든 것을 홀로 감당하셨다. 신학자 한스 발타자르Hans Balthasar가 말했듯이, "예수님은 페이라스모스pairasmos **안에서** 기도하시지만, 제자들은 **그것으로부터** 구원받기를 위해 기도했다."[48] 제자들은 겟세마네 동산에서 예수님 곁에 있었고, 갈보리 언덕 언저리에도 있었지만, 예수님과 **함께** 시험의 용광로에 들어갈 수는 없었다. 그들은 구경꾼이었지 완전한 참

여자는 아니었다. 그들은 예수님이 받으신 유혹과 고통의 증인이었지만, 그분과 같이 시험을 당하거나 유혹을 견딜 수는 없었다.

이러한 사실은 우리가 주기도문의 이 특별한 간구를 고백하는 방식에 영향을 미친다. 우리는 여러 번역에 따라서, "우리를 시련의 때에서 구하소서." 또는 "우리를 시험에 빠지지 않게 하시고"라고 기도한다. 복음의 전체적인 맥락에서 이 기도문을 읽으면, 우리는 하나님께서 이 기도에 응답하시고, **이미** 응답하셨음을 즉시 깨닫게 된다. 우리는 궁극적인 시련의 때로부터 구원을 받을 것이며, 그로부터 보호를 받을 것이며, 그 공포를 경험하지 않아도 될 것이다. 왜냐하면 우리를 대신해 이미 그러한 참상을 겪으신 분이 계시기 때문이다. 예수님께서 시험을 피하지 않으셨기 때문에(구원받기를 포기하셨기 때문에) 우리가 구원을 얻었다.

하나님께서 우리에게 어떠한 유혹을 허락하시든지, 우리는 그것들이 결코 가혹한 것이 아님을 확신할 수 있다. 신약성경은 성도들이 환난의 시기를 겪을 것이라고 가르친다. (그리고 우리는 그 가르침을 경험적으로 확인할 수 있다. 2015년 리비아에서 '이슬람국가ISIS' 조직원들에게 참수당한 콥트 정교회의 순교자들만 보더라도, 오늘날 전 세계에서 박해 받는 교회를 생각해낼 수 있다[49]). 베드로는 그의 첫 번째 서신에서 이러한 때에 하나님께서 우리를 내버려 두신 것으로 인하여 충격받지 않도록 경고했다. "사랑하는 자들아 너희를 연단하려고 오는 불 시험[peirasmos]을 이상한 일 당하는 것 같이 이상히 여기지 말라"(벧전 4:12). 하나님께서는 그분의 자녀들이 고난의 풀무불 위에서 단련되도록 허락하신다. "너희 믿음의 확실함은 불로 연단하여도 없어질 금보다 더 귀하여 예수 그리스도께서 나타나실 때에 칭찬과 영광과 존귀를 얻게 할 것이니라"(벧전 1:7).[50] 우리는 시험과 같은 극한의 상황을 면할 수 있도록 기도할 수 있지만, 어느 쪽이든, 우리는 이제 모든 시련이 우리의 유익을 위해서만 허용된다는 확신을 가지고 견뎌낼 수 있다. 예수님은 이미 용광로의 화염 깊은 곳으로 들어가, 그분의 대속하신 구원의 신비로 지옥의 불길을 정련하는 불꽃으로 바꾸어 놓으셨다. 칼 바르트Karl Barth는 이렇게 탁월하게 표현했다.

> "하나님은 우리가 간구하는 것을, 이미 다 이루어 놓으셨다."[51]

간구 VII

악에서 구하소서

악에서 구하소서

1994년, 아프리카 중앙에 위치한 르완다 내전이 한창일 때, 불과 100일 만에 거의 100만 명의 투치족 사람들이 마체테(날이 넓고 무거운 칼, 일명 정글도)와 소총으로 살해되었다. 바깥세상이 이곳에서 무슨 일이 일어났는지 파악하고, 이 끔찍한 상황을 멈추기 위해 여태껏 아무것도 하지 않았다는 점에서 우리 모두에게 잘못이 있음을 깨닫기까지는 시간이 걸렸다. 캐나다 장군 로메오 달레르Romeo Dallaire는 휴전을 위한 UN 지원군의 사령관으로 파견되어, 피비린내 진동한 100일을 직접 목격했다. "르완다에서 나는 악마와 악수했다. 나는 그를 보았고, 그의 냄새를 맡았으며, 그를 만지기도 했다."[52] 옆집에 침입해서 약탈과 난도질을 일삼는 평범한 이웃과 맞닥뜨린 상황에서, 우리는 모든 인간의 마음속에 존재하는 죄에 대해 추상적으로 돌려 말하기만 할 수는 없다. 우리는 악마나, 사탄에 대해 직접 말해야 할 필요가 있다. 이것이 로메오 달레르 장군이 투치족의 시체 더미를 바라보며, 그리고 같은 동료이자 서양인들의 무관심을 목격하며 깨달은 것이었다.

예수님은 그분을 따르는 사람들에게, 악으로부터 구해주시기를 기도하라고 가르치셨다. 여기서 악은 하나님의 오랜 원수인, 그 악한 존재the one who is evil를 말하며, 교부 요한네스 크리소스토무스John Chrysostom의 표현에 따르면 "우리와 돌이킬 수 없는 전쟁을 계속하는 존재들"을 말한다.[53] 일부 역본 성경에서 이 간구를 대문자를 써서 "우리를 사탄으로부터 구하소서Save us from the Evil One"라고 번역한 것도 이 때문이다. 해방신학자 레오나르도 보프Leonardo Boff의 표현처럼 "악은 뚜렷한 얼굴을 가지고 있다."[54] 제2차 세계대전을 일으킨 아돌프 히틀러Adolf Hitler를 암살하려는 음모에 연루되어 나치 수용소에 수감 중이던 예수회 신부 알프레드 델프Alfred Delp는 일곱 번째 간구에 대하여 이렇게 말했다. "이 세상에는 악만 있는 것이 아니라, 악마도 있다. 이들은 기독교를 반대하는 정도가 아니라 아주 강력한 적그리스도다."[55] 우리에게는 현실적이면서 위험한 우리 마음의 욕망뿐만 아니라, 사적인 고난 때문에

뒤틀린 개인의 악행으로부터의 구원도 필요하다.

이러한 관점에서, 예수님은 성경 전체의 맥락 속에서 악의 본질을 꿰뚫어 말씀하신다. 사탄이 당장 우리 눈앞에 보이는 것은 아니지만, 성경은 단순히 악이 모든 곳에 만연하다고만 하지 않고, 오히려 악을 **인격적인** 것으로 이야기한다. 일찍이 창세기 3장에서 아담과 하와의 불순종은 말하는 뱀으로부터 기인하는 것으로 묘사된다. 욥의 고난은 불가사의한 '고발자'(말 그대로 '사탄', 욥 1:6)의 선동으로 거슬러 올라간다. 선지자 다니엘은 '바사 왕국의 군주'(단 10:13)와 있었던 전투를 보고하는 천사장의 방문을 받는다. 바울은 개종자들에게 이렇게 편지했다. "우리의 씨름은 … 통치자들과 권세들과 이 어둠의 세상 주관자들과 하늘에 있는 악의 영들을 상대함이라"(엡 6:12). 마찬가지로 베드로도 그의 첫 번째 편지를 읽는 자들에게 이렇게 말했다. "너희 대적 마귀가 우는 사자 같이 두루 다니며 삼킬 자를 찾나니"(벧전 5:8). 성경의 막을 내리는 종말론적 관점에서는 궁극적인 악의 패배가 다음과 같이 묘사된다. "또 그들을 미혹하는 마귀가 불과 유황 못에 던져지니"(계 20:10). 그리고 무엇보다 신약성경은 예수님께서 강력하고 교활한 적들과 끊임없이 싸우고 계신다고 묘사한다. "사람이 먼저 강한 자를 결박하지 않고는 그 강한 자의 집에 들어가 세간을 강탈하지 못하리니"(막 3:27). 간단히 말해서, 성경은 '악을 의인화하는 경향'이 있다.[56] 그리고 예수님께서 그분의 제자들에게 "악에서 구하소서."라고 기도하도록 격려하실 때, 예수님께서 언급하신 악은 이처럼 **인격화**된 악일 가능성이 가장 크다.

하지만 주술이나 미신 등에 회의적인 현대인들이 이러한 관점에 동의하며 예수님을 따를 수 있을까? 최근 자연과학과 더불어 발전 중인 사회과학의 흥미로운 점 중 하나는 인간이 어떻게 매 순간 그들 자신보다 더 큰 힘으로부터 자비와 도움을 얻는지에 초점을 맞추고 있다는 점이다. 인간은 마치 자신의 자유의지와 자기표현으로 살아가는 것 같지만, 사실 우리는 거시적으로는 성별처럼 유전적으로 결정되거나 작게는 우리 몸속에 침투한 바이러스 같은 미세한 생화학적 힘에 의해 각자의 삶이 결정되는 팬데믹pandemic 시대를 살아가고 있다.

예컨대, 인종차별이 사회에서 어떻게 나타나는지 생각해보자. 미국의 백인 노인세대들은 이렇게 생각하기 쉽다. "나는 흑인 직원에게 정당한 임금을 주고 있고, 매일 따뜻한 인사를 건네고 있으니, 당연히 난 인종차별주의자가 아니다."

그러나 인종차별은 이보다 더 은밀하고 교묘하게 작동한다. 예를 들어, 최근에 진행한 실험에서 한 사회학자가 실험참가자들에게 흑인 얼굴들과 백인 얼굴들이 번갈아 나오는 화면을 주시하도록 요청했다. 화면 속 이미지들은 참가자들이 자신이 본 이미지가 무엇인지 제대로 인식하지 못할 정도로 빠른 속도로 나타났다 사라졌다. 검은색이나 흰색 얼굴 이미지를 본 후, 이어서 총 또는 작업용 연장 사진이 등장했다. 이 이미지들도 화면에서 재빨리 사라졌지만, 얼굴 이미지만큼 빠르게 사라지지는 않았다. 그러고 나서, 참가자들은 자신이 본 이 이미지들을 적어봤다. 참가자들은 대체로 흑인 얼굴 뒤에 이어서 나오는 도구를, 백인 얼굴일 때 보다 그 이미지를 총으로 기억하는 경향이 더 컸다. 이 실험을 진행한 사회학자는 흑인의 얼굴을 폭력적인 무기와 연관시키는 인종차별적 경향이 "의도적인 인종차별을 요구하진 않더라도, 인종차별은 그것을 피하려는 사람에게도 무의식적으로 일어날 수 있다."라고 결론을 내렸다.[57] 매우 현실적인 차원에서, 사람들은 그들이 통제할 수 없는 것의 노예가 되어 있다. 한 이론가가 말했듯이 인종차별은 "그 자체로 살아 있다."[58]

그래서 현대 서양인들은 실제로 주변의 그 어떤 것보다도 성경에서 영감을 받은 지혜를 따라가고자 하는지도 모른다.

악은 단순히 우리가 죄를 **지었을 때만** 나타나는 것이 아니다. 불행하게도, 악은 이미 우리를 둘러싸고 호시탐탐 **고통**이라는 수렁에 빠뜨리려고 한다. 따라서 우리는 그 어떤 행위로도 우리 자신을 구해낼 수 없다. 위의 실험으로 돌아 가보자. 아무리 좋은 의도일지라도, 백인들이 검은 피부색과 위협을 분리해서 의식하기 어렵다. 인종차별의 군주(즉, 또 다른 수많은 악의 유형들)는 가장 고결하다고 하는 백인들조차도 순전한 결단으로 마음속에 있는 그들의 인종차별적 습관을 끊어내는 것을 방해한다. 즉, 더욱 강한 처방이 필요한 것이다. 그래서 예수님께서 우리에게 기도하라고 권면하신 것이다. 우리는 반드시 하나님께 악한 자의 손아귀에서 우리를 구해달라고 부르짖어야만 한다. 백인 우월주의를 숭배하는 일부 기독교인들에게 필요한 것은 단지 교육만이 아니다. 악을 몰아낼 강력한 퇴마의식이 필요하다.

신약성경은 하나님께서 **이미** 사탄으로부터 우리를 구원하셨다는 소식으로 떠들썩하다. 초기 그리스도인들을 위한 다음의 히브리서 말씀을 생각해 보자.

> 이 자녀들은 피와 살을 가진 사람들이기에, 그도 역시 피와 살을 가지셨습니다. 그것은, 그가 죽음을 겪으시고

> 서, 죽음의 세력을 쥐고 있는 자 곧 악마를 멸하시고, 또 일생 동안 죽음의 공포 때문에 종노릇 하는 모든 사람을 해방하시려고 한 것입니다.(히 2:14-15 표준새번역)

죽음을 무기로 휘두르는 사탄을 물리치기 위해, 하나님의 아들이 유한한 인간의 몸으로 오셔서 십자가에서 죽으셨다. 정교회의 예전禮典에서 고백하듯, 그분은 "죽음으로 죽음을 짓밟으셨다."[59]

또는 요한일서의 이 말씀을 생각해 보자. "하나님의 아들이 나타나신 것은 마귀의 일을 멸하려 하심이라"(요일 3:8). 또한 골로새 교회에 보내는 바울의 편지도 보자. "통치자들과 권세들을 무력화하여 드러내어 구경거리로 삼으시고 십자가로 그들을 이기셨느니라"(골 2:15). 어찌 된 일인지, 죽음을 통해 예수님은 악을 무력하게 만드셨고, 악이 인간을 상대로 한 전쟁에서 이길 수 있는 능력을 빼앗으셨다. 예수님께서 어떻게 이 일을 성취하셨는지에 관한 여러 가지 관점이 있으며, 신약성경은 사탄에 대한 예수님의 승리를 전체적인 맥락에서 볼 수 있도록 다양한 장면과 비유를 사용해 이해를 돕는다. 그러나 모든 장면의 핵심은 "예수님의 십자가 죽음과 부활의 사건을 통해 결정적인 승리가 확보되었다."

는 것이다. 예수님의 승리는 모든 사람을 위하여 악의 운명을 단번에 봉인하고, 그 최종적인 사망(참조 계 20:14, 21:8)을 보증한 것이었다.

우리는 "악에서 구하소서."라고 기도할 때, 당장 눈에는 거의 보이지 않더라도, 분명히 존재하는 진리를 보고, 즐기고, 살아갈 수 있기를 간구하는 것이다. 우리는 예수님께서 우리를 사탄으로부터 해방하시기로 이미 확정하셨음을 알고 있다. 그러나 우리는 여전히 악이 가까이 있음을 느끼고 그 영향력을 맛본다. 예수님의 승리는 분명히 실제적이지만, 그렇다고 해서 언젠가 완성될 **그날**이 지금 당장 눈에 보이는 것도 아니다. 그래서 우리는 믿음 안에서, 그러나 또한 떨림과 눈물로 기도해야 한다. 우리의 대적, 원수 사탄의 권좌가 패배하고 이를 축하하는 **그날**이, 마지막이자 영원히 돌이킬 수 없는 **그날**이 속히 오기를 간절히 기도해야만 한다.

송영

나라와 권능과 영광이
영원히 아버지의 것입니다.
아멘.

나라와 권능과 영광이 영원히 아버지의 것입니다. 아멘.

종교개혁가 마르틴 루터Martin Luther의 독일 비텐베르크 대학Wittenberg colleage 동문이자 친구인 필리프 멜란히톤Philipp Melanchthon에 의해 유명해진 종교개혁의 위대한 슬로건 중 하나는 다음과 같다. "그리스도를 아는 것은 그분의 유익을 아는 것이다."[60] 멜란히톤의 강조점은, 그리스도인들이 예수 그리스도의 실체를 파헤치는 데에만 너무 관심을 기울여서는 안 된다는 것이었다. 예를 들어, 그분이 어디서 태어났는지, 몇 년도에 태어났는지, 그분이 성육신하시기 전에 어떻게 존재했는지, 또는 그분의 신성과 인성이 어떻게 한 인격 안에서 조화를 이루는지 등을 아는 것만으로는 충분하지 않다는 것이다. 멜란히톤은 이렇게 묻고 있다. "예수 그리스도가 왜 육신을 입고, 십자가에 못 박히셨는지 알지 못한다면, 그분에 관한 역사만 아는 것이 무슨 소용이 있는가?"[61]

필리프 멜란히톤은 냉정한 과학적 접근으로 그리스도를 알려고 했던 그 당시 신학자들에 대해서도 우려했다. 그러한 접근법 대신, 그는 우리가 교회에서 "전능하신 하나님께서 그분의 자비로 당신을 위해 자기 아들을 죽기까지 내어주셨고, 그분의 뜻대로 당신과 당신의 모든 죄를 용서해 주셨다."[62]라는 설교자의 외침을 들을 때, 비로소 그리스도를 제대로 알게 된다고 강조한다. 그분을 우리의 구원자로 신뢰하고, 우리를 향해 선포되는 그분의 확고한 말씀을 듣는 이때가 그리스도를 **진정으로 알게 되는 때**이다.

그러나 오늘날 우리는 멜란히톤이 바로잡으려고 했던 것과는 또 다른 오류에 특히 더 취약하다. 서구 신학에서 우리는 예수 그리스도께서 우리에게 주셨다고 믿는 모든 것에 관심을 집중해 왔다. 깨끗한 양심과 말, 회복된 결혼, 새로운 직업윤리, 화해된 공동체, 정의의 언약, 창조의 회복과 같은 것들이다. 우리는 어느 찬송가의 가사처럼, 예수 그리스도의 진정한 유익과 그 **목적**을 잊어버리는 경향이 있다. "경이로움, 사랑, 그리고 찬양 그 속에서 우리는 길을 잃었네."[63]

그렇다. 진주로 장식된 문과 황금빛 거리는 분명 아름답지만, 천국에 대한 이 모든 이미지의 목적은 하나님이 곧 우리 그리스도인들의 영원한 기쁨이심을 우리가 볼 수 있도록 돕는 것이다.[64]

교황 베네딕토 16세가 예수님의 생애에 대한 3부작의 첫 번째 책을 출간하면서, 놀라운 한 가지 질문으로 이 책을 소개했다. "예수님께서 실제로 가져오신 것이 무엇입니까? 세계 평화입니까? 전 세계적인 번영입니까? 아니면 더 나은 세상입니까? 그분은 무엇을 가지고 오셨습니까? 과연 무엇입니까?" 세계의 안타까운 역사를 조사하는 과정에서, 우리는 제2차 세계대전이 발발하기 전날, 유대인 철학자인 마르틴 부버Martin Buber가 기독교인인 그의 친구에게 한 말에 공감하게 된다. "우리[유대인들]는 이 세상의 역사가 단 한 번도 근본적으로 바뀐 적이 없다는 것을 더 깊이 그리고 더 확연히 깨닫는다. 이 세계는 아직 구원받지 못했다. 그리고 우리는 지금 뼈저리게 느끼고 있다."[65] 그렇다면 우리는 예수님께서 이 세상의 상황에 아무런 영향을 주지 못하셨으며, 임무에 실패하셨다고 결론을 내려야 할까? 베네딕토 16세는 아니라고 말한다. "**예수님**께서 가져오신 것이 무엇입니까? 그 답은 매우 간단합니다. 하나님입니다. 그분은 하나님을 모시고 오셨습니다."[66] 예수님의 전 생애는 한가지 목표를 향해 있었다. 인류를 하나님과 회복된 관계로 인도하여 영원히 하나님의 영광을 바라볼 수 있게 하고, 그분의 빛나는 광채에 잠겨, 찬양과 경배로 하나님께 합당한 존귀와 영광을 돌려드리는 것이다.

주기도문의 마지막 한 줄은 그분 안에 계신 하나님으로 가득하다. 앞선 간구들에서는 하나님께 우리의 생계나, 죄 사함, 구원의 필요에 응답해 달라고 기도해 왔다면, 마지막 송영에서는 우리의 관심이 자연스럽게 하나님의 권능과 위엄으로 옮겨 간다. 흠정역 성경(KJV)의 주기도문은 헬라어 사본에서 특별히 사용하는 신성을 의미하는 대명사를 그대로 가져와 탁월한 표현을 만들었다. "나라와 권능과 영광이 영원히 아버지의 것Thine입니다. 아멘." 그렇다. 하나님의 왕권은 우리를 위한 것이며, 그분의 모든 능력은 우리를 선하게 인도하실 목적에 집약된다. 그러나 여기에는 더 많은 것이 있다. 핵심은 우리가 하나님께 더 많은 것을 요청하도록 하는 것이 아니라, 하나님은 우리의 한계와 좌절을 초월하시는 분이시며, 우리의 고백이 하나님의 영광에 걸맞아야 한다는 사실을 깨닫는 것이다. 사라 루덴Sarah Ruden은 이것을 이렇게 표현했다.

> 우리는 이미 언급한 신적인 능력들 덕분에, 악에서 구원받았다고 생각할 수 있다. 그러나 이제 [주기도문의 마지막 부분에서] 더 많은 신적인 성품과 능력이 나타난다. 그분은 나라뿐만 아니라 권능과 영광까지 가지고 계신다. … 하나님은 단순히 자신을 나타내시는 분일 뿐만 아니라, 보이지 않는 하늘에서도 복된 이름으로, 임하실 나라로, 그리고 그 뜻이 이루어짐으로써 자신을 나타내시는 분이시다. 그분의 나라와 권능과 영광이 말 그대로, 지금부터 영원까지 그분에게 있을 것이다.[67]

주기도문의 마지막 찬송이 의미하는 바가 직접적으로 우리에게 다가오고 있다. 우리가 더 이상 하나님께 일용할 양식이나, 용서나, 구원을 요청할 필요가 없는 때가 점점 다가오고 있다. 우리의 모든 눈물은 지워질 것이며, 죽음은 마침내 패배하고, 땅과 그곳 사람들은 평화롭게 번영할 것이다. 그날이 오면, 옛 찬송가의 가사처럼 될 것이다.

> 소망은 기쁨의 열매로,
> 믿음은 실상으로,
> 기도는 찬양으로 바뀌게 될 것이다.[68]

주기도문

하나님께서 이루어가실 장래에는 간구가 필요 없다. 그날에 우리는 완전히 만족하게 될 것이기 때문에, 하나님께 필요를 구하는 간구를 멈출 것이다. 그저 남은 것은 하나님을 찬송하는 것뿐이다. 그분의 자비로운 통치를 누리고, 그분의 능력이 성취한 것을 기뻐하며, 그분의 영광을 보게 될 것이다. 이 놀라운 하나님의 약속들에 대한 적절한 응답은, 오직 **"진실로 그렇게 될 것입니다."**를 뜻하는 "아멘Amen" 뿐이다.

나가는 글

렘브란트Rembrandt와 함께하는 주기도문

여러 해 동안에 공동체 생활을 하다가 혼자 사는 집으로 이사했을 때, 내가 가장 먼저 한 일은 렘브란트 레인Rembrandt Rijn의 '탕자의 귀환'을 주문하는 것이었다. 이 성화로 유명한 네덜란드 화가의 그림은 가출한 아들을 용서하는 아버지에 대한 예수님의 비유(눅 15:11-32)를 기념한 것이다. 나는 이미 이 이야기에 대한 헨리 나우웬Henri Nouwen의 목회적 묵상집을 읽은 적이 있고, 깊은 감명을 받았었다.[69] 긍휼함이 많은 아버지에게 사랑받았던 탕자를 매일 기억하기 위해, 나는 나우웬 이상으로 이 그림을 잘 활용하고 싶었다.

그 그림은 한동안 우리집 거실 벽난로 위에 걸려 있었다. 이후에 이사하게 되면서, 그것을 좀 더 사적인 공간에 놓기

로 했다. 내가 항상 무릎 꿇고 기도하며 마주 보는 벽에 걸어 두기로 한 것이다. 이제 무릎을 꿇고 나무 선반에 팔꿈치를 올려놓을 때마다, 내 시선은 아들의 등과 마주친다. 나는 아들의 어깨 위에 올려진 아버지의 손을 보기 위해 올려다볼 수 있고, 아버지의 얼굴을 들여다볼 수도 있다.

헨리 나우웬은 렘브란트의 그림에서 인상적인 부분들을 아주 절묘하게 묘사했다.

> 나는 커다란 붉은 망토를 두른 남자가 헝클어진 모습으로 무릎을 꿇고 있는 한 소년의 어깨를 부드럽게 어루만지는 것을 보았다. 나는 그 모습에서 눈을 뗄 수가 없었다. 나는 이 두 사람의 친밀함과 남자가 걸치고 있는 붉은 망토의 따스함, 소년이 입고 있는 누르스름한 겉옷인 튜닉tunic, 그리고 이 두 사람을 감싸고 있는 신비한 빛에 깊은 끌림을 느꼈다. 그러나 무엇보다도 노인의 두 손, 소년의 어깨 위에 올려진 그 두 손이, 이전에 한 번도 경험해 보지 못한 '그 손길'이 나에게 임하는 것을 느꼈다.[70]

내 기도의 자리 앞에 걸려 있는 이 그림이 내가 기도하는 방식에 얼마나 큰 영향을 끼쳤는지를 깨닫기까지 몇 년이 걸렸다. 특히 주기도문을 고백하는 방식이 바뀐 것 같다. 지금도 주기도문을 외울 때마다 렘브란트의 그림을 보면서 고백한다. 그러면 주기도문의 한 줄 한 줄이 새로운 울림을 준다.

하늘에 계신 우리 아버지, 아버지의 이름을 거룩하게 하소서. 아버지의 이름을 경외하고 높여드리기 위한 기도는 잃어버렸던 아들의 어깨를 부드럽게 어루만지시는 **아버지의** 환대와 용서를 더욱 널리 알리기 위한 것이며, 낭비로 느껴질 만큼 자비를 아끼지 않으시는, 긍휼히 많은 아버지를 나타내기 위함이다. 아버지의 이름이 거룩해지기를 기도하는 것은, 더 많은 잃어버린 자녀들이 그 인자한 시선 아래 무릎을 꿇게 되기를 기도하는 것이다.

아버지의 나라가 오게 하시며, 아버지의 뜻이 하늘에서와 같이 땅에서도 이루어지게 하소서. 아버지의 나라가 임하기를 기도하고, **아버지의** 뜻이 이루어지기를 기도하는 것은 자비, 친절, 겸손, 그리고 넘치는 관대함으로 다스리시는 아버지의 통치가 실현되기를 기도하는 것이다. 또한 빚진 자들의 빚을 갚아주며, 방황하던 자들이 집으로 돌아오며, 멋대로 행동하며 자기만 옳다고 믿는 이들을 위해 연회를 베풀어 주시기를 기도하는 것이다. 이 기도는 폭군의 철권통치를 구하는 것이 아니라, 사랑이 넘치는 아버지가 자신을 기꺼이 내어주는 통치를 위한 것이다.

오늘 우리에게 일용할 양식을 주소서. 이 기도는 이미 유산의 절반을 날려 먹은 아들을 위해서 기쁜 마음으로 가장 좋은 고기를 준비하는 바로 그 **아버지에게**, 생활에 필요한 것들을 구하는 것이다. 이런 **아버지에게** 일용할 양식을 구한다는 것은 생활필수품만이 아니라 필레 미뇽(값비싼 뼈가 없는 소의 허리 부분의 필레살로, 안심이나 등심 부위를 나타내는 프랑스 조리용어. 역주)을 얻기 위함이며, 물뿐만 아니라 최고급 빈티지 와인을 받기 위함이다. 그것은 풍부함과 풍성함, 그리고 충만함을 "우리가 구하거나 생각하는 모든 것에 더 넘치도록"(엡 3:20) 얻는 것이다.

우리가 우리에게 잘못한 사람을 용서하여 준 것 같이 우리 죄를 용서하여 주소서. 이런 **아버지께** 용서를 구하는 기도를 드린다는 것은, 우리가 용서를 입에 담기도 전에, 용서해 주시기 위해 모든 위엄을 벗어 던지고 뛰쳐나와 우리를 향해 달려오시는 아버지께 기도하는 것이다. 이런 **아버지께** 용서를 구한다는 것은, 우리가 집에서 내어줄 수 있는 가장 좋은 옷을 입었다는 사실을 깨닫기 전까진, 거의 입 밖으로 말도 못 꺼내는 것이다. 우리의 잘못을 용서받기 위해 기도하는 것은 상처투성이인 우리의 머리 위로 따뜻한 아버지의 눈물이 이미 떨어지고 있음을 느끼는 것이다.

우리를 시험에 빠지지 않게 하시고, 악에서 구하소서. 이런 **아버지께** 우리를 "악에서 구하소서."라고 요청하는 것은, 두 손과 망토로 우리의 피난처가 되어 주시는 그분께 기도하는 것이다. 헨리 나우웬은 다시 말했다. "따뜻한 색감과 아치형 곡선을 이루는 아버지의 망토는 환대받기 좋은 곳이다. … 그러나 나는 계속 그 빨간 망토를 바라보던 중, 붉은 천막보다 더 강렬한 이미지가 떠올랐다. 바로 새끼를 보호하는 어미 새의 날개 그늘이다." 이런 **아버지께** 보호를 요청하는 것은 예루살렘을 바라보며 눈물 흘리셨던 예수님의 성품을 가지신 분께 기도하는 것이다. "예루살렘아 예루살렘아 … 암탉이 그 새끼를 날개 아래에 모음 같이 내가 네 자녀를 모으려 한 일이 몇 번이더냐 그러나 너희가 원하지 아니하였도다"(마 23:37).

나라와 권능과 영광이 영원히 아버지의 것입니다. 아멘. 이러한 **아버지의** 왕권과 통치와 영광을 찬양하는 것은 겸손한 왕권과 강압적이지 않고 사랑으로 보살피는 인격적인 통치와 허리를 굽혀 다가와 주시고 품어주시는 빛나는 영광을 찬양하는 것이다. 이런 **아버지께서** "영원, 영원하시기를" 찬송하는 것은 이처럼 자신을 내어주는 사랑이 태초에 있었던 창조의 원천임을 드러내고, 영원한 미래에 울려 퍼질 잃어버린 아들을 향한 노래임을 인정하는 것이다.

렘브란트와 예수님이 보여주시는 하나님을 "우리 아버지"라고 고백하게 된다면, 영원한 소망을 품고 이 기도를 멈추지 않는 자신을 분명히 발견하게 될 것이다.[71]

감사의 말

이 책의 각 부분의 원고를 읽고, 듣고, 개선할 수 있도록 도움을 주신 모든 분에게 감사드린다. 마이크 알렌, 게리 베슨, 디애나 브리오디, 매트 버뎃, 나의 부모님과 월터, 수잔 힐, 앨런 제이콥스, 조노 라인바흐, 오레이 맥팔랜드, 월터 모벌리, 제이미 소스노프스키, 그리고 크리스토퍼 웰스에게 감사하다. 또한 처음으로 '주기도문'에 대한 글을 쓰라고 제안해 준 Lexham 출판사의 토드 헤인스와 이 책의 편집을 위한 그의 조언에 큰 감사를 표한다.

특히, 내가 가르치고 있는 펜실베니아주 앰브리지의 트리니티신학교로부터 안식년을 허락받아 이 책을 완성할 수 있게 된 것 또한 매우 감사하게 생각한다.

마지막으로, 원고 작업을 비롯해 내 일상생활을 지탱해 준 것은 에이든과 멜라니 스미스, 그리고 그들의 딸이자 나의 대녀代女인 펠리시티의 사랑이었다. 이 책을 특별히 펠리시티에게 바친다. 우리는 이미 주기도문을 함께하기 시작했고, 앞으로 더 많은 세월을 함께할 수 있기를 간절히 바란다. 정말 많이 사랑한다. 페티!

옮긴이의 말

성경에는 수많은 믿음의 사람들이 등장한다. 그 중에서도 유난히 돋보이는 인물들은 대부분 '기도의 용사'들이다. 출애굽한 이스라엘 백성들이 아말렉 군대에게 쫓겨 위기에 처했을 때, 모세는 산에 올라가 두 손을 들고 하나님께 기도했다. 그가 손을 들고 기도하면 이스라엘이 이기고, 그의 손이 피곤하여 기도를 멈추면 아말렉이 이겼다. 결국 아론과 훌의 도움을 받아 끝까지 기도한 모세의 기도로 이스라엘 백성들은 끈질긴 아말렉 군대의 추격을 물리치고 승리할 수 있었다. 갈멜산에서 바알의 선지자들과 대결을 벌인 엘리야도 마찬가지다. 그가 기도하자 하나님께서는 하늘에서 불을 내려 주셨으며, 오랜 가뭄에 마침표를 찍고 비를 내려 주셨다. 사무엘의 어머니 한나는 간절히 기도하여 아들을 얻은 대표적인 기도의 어머니 되었으며, 히스기야는 기도를 통해 생명이 연장되는 놀라운 기적의 주인공이 되었다.

놀라운 기도 응답의 이야기는 신약의 예수님께로 이어진다. 예수님께서는 기도로 병자들을 치유하시고 귀신들을 내쫓으셨다. 예수님께서 복음을 전하기 위해 베푸신 모든 기적의 원동력은 하나님께 드리는 믿음의 기도였다. 어쩌면, 이런 기도의 능력을 소유하고자 하는 욕심이 예수님께 기도를 가르쳐 달라고 했던 제자들의 속내였을지도 모른다. 그러나 막상 예수님께서 제자들에게 가르쳐 주신 기도는 그들이 기대했던 것과는 너무나도 거리가 멀었다. '주기도문'은 무작정 암송하고 외운다고 해서 능력이 나타나는 마법 주문과 같은 것이 아니기 때문이다.

나는 당시의 제자들이 주님이 가르쳐주신 기도의 의미와 목적을 다 이해했을 것이라고는 생각하지 않는다. 제자들은 주님께 '주기도문'을 배웠지만 여전히 기도에 자신감이 없었고, 기도에 게으름으로 인하여 때때로 주님의 책망을 받기도 했다. 그렇다면 오늘날 우리의 '주기도문'은 어떠한가? 매일 주기도문을 암송하고 주일예배와 소그룹 모임 때마다 함께 고백하면서도 우리는 주님께서 기도의 모범으로 가르쳐주신 주기도문에 어떤 깊은 의미와 목적이 담겨 있는지 잘 알지 못한다.

웨슬리 힐이 저술한『주기도문』은 기도에 대한 이런 우리의 무지와 오해를 바로잡아 준다. 그 출발점이 주기도문의 문을 여는 "하늘에 계신 우리 아버지"라는 고백이다. 주기도문에 포함된 일곱 개의 모든 간구는 하나님을 '하늘에 계신 우리 아버지'라고 부르는 '인격적인 관계'로부터 시작된다. 하나님을 '아버지'라고 고백하고 부르게 되면, 기도의 모든 것이 바뀐다. 기도의 목적이 하나님으로부터 필요한 것을 얻어 내는 것에서 아버지 되신 하나님 안에 거하는 것으로 바뀌고, 그때부터는 무엇을 얻어 내지 못해도 마음속에 평안과 자유함이 임한다. 왜냐하면 아버지와 함께 거하게 되는 순간, 아버지의 모든 것을 다 소유하는 것이 되기 때문이다. 저자 웨슬리 힐은 이런 주기도문의 영적인 원리를 '빛의 화가'로 불리는 렘브란트의 그림 '탕자의 귀환'과 멋들어지게 연결시켜 기도의 동력으로 삼는다.

이 외에도 주기도문에는 우리를 하나님과의 친밀감으로 인도하는 영적인 지혜가 가득하다. 그런 의미에서 웨슬리 힐의 『주기도문』을 한국의 독자들에게 소개한다는 것은 큰 기쁨이다. 간절히 바라기는, 이 책이 널리 읽혀 이전에 맛보지 못했던 영적인 감격과 변화의 물결이 오늘의 한국교회와 성도들에게 충만하게 흘러넘치게 되기를 간절히 기대한다.

웨슬리 힐의 『주기도문』을 번역하면서 하나님이 보내주신 천사 같은 분들의 격려가 큰 힘이 되었다. 먼저는 이 보화를 발견하여 귀한 사역에 함께할 수 있도록 손을 내밀어준 솔라피데출판사에 감사한다. 그리고 언제나 든든한 버팀목이자 좋은 스승이 되어 주신 여충호 목사님을 비롯한 노량진교회의 식구들, 특히 어려운 고비마다 사랑과 격려를 아낌없이 보내 준 청년부 지체들과 청지기 분들께 감사하다. 또한, 늘 한결같은 지지로 함께 해준 아내 전은영 사모와 사랑스러운 세 아이, 지안, 고은, 가은에게 고마움과 사랑의 마음을 전한다. 그리고 무엇보다, 『주기도문』으로 『크리스천 에센셜』 시리즈를 이어갈 수 있도록 모든 상황을 허락하신 전능하신 나의 아버지 하나님께 진심으로 영광과 찬송을 올려드린다.

초여름에

김용균

미주

1. 로완 윌리엄스, Meeting God in Paul (London: SPCK, 2015). 2012년 4월 캔터베리 대성당에서 열린 강연에서, 윌리엄스는 'nerve(대범함)'의 의미로 'cheek'이라는 단어를 사용한 것이 인상 깊었다(Merriam-Webster 사전에 따르면, 'cheek'의 단어 정의 중 하나로 '자기 확신'이라는 뜻이 있음).
2. 아우구스티누스는 "우리를 시험에 빠지지 않게 하시고"와 "악에서 구하소서"를 2개의 간구로 구분하면서, 주기도문을 7개의 파트로 나누었다. 반면에, 오리게네스와 요하네스 크리소스토무스, 니사의 그레고리우스 등, 다른 교부들은 2개의 간구를 부정적 간구와 긍정적 간구로 이루어진 하나의 간구로 보았다. 비록 후자의 입장이 복음서의 의도에 좀 더 부합할 것 같다고 생각되지만, 나는 아우구스티누스의 구분법에 따라 긍정과 부정으로 2개의 간구로 나눈다.
3. 데일 앨리슨, The Sermon on the Mount: Inspiring the Moral Imagination (New York: Crossroad, 1999), 22.
4. 데일 앨리슨, The Sermon on the Mount, 22.
5. 헬무트 틸리케, The Prayer that Spans the World: Sermons on the Lord's Prayer (London: James Clarke, 1965), 22.

6. 사라 루덴, The Face of Water: A Translator on Beauty and Meaning in the Bible (New York: Pantheon, 2017), 122-24.
7. R. W. L. 모벌리가 그의 저서 Old Testament Theology: Reading the Hebrew Bible as Christian Scripture (Grand Rapids: Baker Academic, 2013), 5.에서 주목한 것과 비교함.
8. 고대 바빌로니아의 창세 서사시 에누마 엘리쉬에 따르면, 이 세상은 담수의 신 아프수와 해수의 여신 티아마트가 서로 뒤섞이면서 창조되었다고 한다. W. G. 램버트의 저서, Babylonian Creation Myths (Winona Lake, IN: Eisenbrauns, 2013), 3.을 참고함.
9. J. B. 메츠, E. 스힐레베이크스, M. 르페브르의 저서에서 "God the Father in the Bible and in the Experience of Jesus: The State of the Question,"을 편집한 로버트 G. 해멀턴-켈리의 저서 God as Father? (New York: Seabury, 1981), 97.
10. 폴 리쾨르, "Fatherhood: From Phantasm to Symbol," in The Conflict of Interpretations: Essays in Hermeneutics (Evanston, IL: Northwestern University Press, 1974), 490-91. 나는 자넷 마틴 소스키스가 리쾨르의 에세이를 읽고 쓴 수필인 The Kindness of God: Metaphor, Gender, and Religious Language (Oxford: Oxford University Press, 2007), 74-80.에서 "하나님을 '아버지'라 부른다"에 감명을 받았다.
11. 신 32:6, 삼하 7:14, 고전 17:13, 22:10, 28:6, 시 68:5, 89:26, 사 63:16, 64:8, 렘 3:4, 19, 31:9, 말 1:6, 2:10을 참고함. 구약성경의 다른 이야기들도 하나님을 아버지처럼 묘사하지만 '아버지'라는 단어를 직접 쓰고 있지는 않다. 출 4:22-23, 신 1:31, 8:5, 14:1, 시 103:13, 렘 3:22, 31:20, 호 11:1-4, 말 3:17을 참고. 예수님 시대의 다른 유대 문헌들도 하나님을 '아버지'로 표현한다. 예를 들어, 바빌로니아 탈무드인 Qiddushin, 36a; Exodus Rabbah 46.4. 등이 있다.
12. 톨레도 평의회(A.D. 675)는 이렇게 말했다. "우리는 아들이 무에서 나오거나 그 밖에 다른 어떤 대상에서 나온 것이 아니라, 아버지의 태(de utero Patris)에서 나왔다는 것을 믿어야만 합니다.

즉, 아버지의 존재 자체에서 태어났다(genitus vel natus)는 사실을 말입니다." 자크 뒤푸아의 저서 The Christian Faith in the Doctrinal Documents of the Catholic Church (New York: Alba House, 1982), 102 - 6.을 참고함.

13. "'하늘에 계신 우리 아버지 …' 하나님께서 이 말씀으로 우리를 이끄시니, 우리가 그분을 진정으로 우리의 아버지라 여기고 우리는 그분의 자녀라고 믿게 하시니, 사랑하는 자녀가 사랑하는 아버지에게 묻는 것과 같이, 우리가 대담하고 완전한 확신을 갖고 그분께 간구할 수 있게 하시려는 것입니다." (마르틴 루터, The Small Catechism).
14. 칼 바르트, Prayer, 창간 50주년 에디션 (Louisville: Westminster John Knox, 2002), 22 - 23.
15. 스탠리 하우어워스, With the Grain of the Universe: The Church's Witness and Natural Theology (Grand Rapids: Brazos, 2001), 28.
16. 자넷 소스키스, Kindness of God, 76.
17. 단테 알리기에리, The Divine Comedy, 11.1 - 2.
18. 사라 코클리, God, Sexuality, and the Self: An Essay "On the Trinity" (Cambridge: Cambridge University Press, 2013), 327, 324.
19. 에리히 아우어바흐, Mimesis: The Representation of Reality in Western Literature. trans. by Willard R. Trask (Princeton: Princeton University Press, 1953), 8.
20. 베네딕토 16세, Jesus of Nazareth: From the Baptism in the Jordan to the Transfiguration (New York: Doubleday, 2007), 143.
21. 나훔 사르나, Exploring Exodus: The Origins of Biblical Israel (New York: Schocken, 1986), 52.
22. 크리스토퍼 자이츠, Figured Out: Typology and Providence in Christian Scripture (Louisville: Westminster John Knox, 2001), 143 - 44.

23. 시몬 베유, Waiting for God, trans. Emma Craufurd (New York: Harper, 1973), 217.
24. 폴리갑의 순교 9.3.
25. 앤드류 마린, Love Is an Orientation: Elevating the Conversation with the Gay Community (Downers Grove, IL: IVP, 2009), chapter 8. 마린 재단의 "I'm Sorry" 캠페인에 대해 더 많은 정보를 알고 싶다면 http://www.themarinfoundation.org/get-involved/im-sorry-campaign/. 방문하면 된다.
26. 클리프턴 블랙, The Lord's Prayer, 해석본 (Louisville: Westminster John Knox, 2018), 97.
27. 오스카 쿨만의 대표적인 표현이다. Christ and Time: The Primitive Christian Conception of Time and History (Philadelphia: Westminster, 1964), 84.
28. 칼 바르트, Prayer, 39.
29. P. D. 제임스, The Private Patient: A Novel (New York: Vintage, 2009), 349.
30. 데이비드 웰스, "Prayer: Rebelling Against the Status Quo," Christianity Today (November 1979), 32-34.
31. 이 문단과 이어지는 단락의 일부는 웨슬리 힐의 표현을 각색한 것이다. "Praying the Lord's Prayer in Gethsemane," First Things, April 2, 2015, https://www.firstthings.com/blogs/firstthoughts/2015/04/praying-the-lords-prayer-in-gethsemane.
32. 윌리엄 니콜슨, Shadowlands: A Play (New York: Penguin, 1990).
33. 티모시 조지, Theology of the Reformers, 수정증보판 (Nashville: Broadman & Holman, 2013), 105.
34. F. D. 모리스, The Lord's Prayer: Nine Sermons Preached in the Chapel of Lincoln's Inn, 제4판 (London: Macmillan, 1861), 59, italics removed.
35. F. D. 모리스, The Lord's Prayer, 59, italics added.

36. 칼 바르트, Church Dogmatics II.2, §38.2.
37. 시몬 베유, Waiting for God, 220.
38. 이와 같은 통찰력은 내 동료인 데이비드 이고의 덕분이다.
39. "Article IX: Of Original or Birth Sin," in The Book of Common Prayer (New York: The Church Hymnal Corporation, 1979).
40. "A Penitential Order: Rite Two," in The Book of Common Prayer.
41. 아우구스티누스, On Man's Perfection in Righteousness 8.19: "육체의 정욕의 잔재가 남아 있는 한, 즉 금욕의 고삐를 당기지 않는 한, 우리는 결코 하나님을 온전히 사랑할 수가 없다."
42. "A Penitential Order: Rite Two."
43. 프란시스 스퍼포드, Unapologetic: Why, Despite Everything, Christianity Can Still Make Surprising Emotional Sense (San Francisco: HarperOne, 2014), 48.
44. 장 칼뱅, Institutes of the Christian Religion 3.20.45.
45. 장 칼뱅, Institutes 3.20.45.
46. 해리엇 셔우드, "Lead Us Not into Mistranslation: Pope Wants Lord's Prayer Changed," The Guardian, December 8, 2017, https://www.theguardian.com/world/2017/dec/08/lead-us-not-into-mistranslation-pope-wants-lords-prayer-changed. 이후에 표현이 공식적으로 바뀌었다. "Led not into temptation: Pope approves change to Lord's Prayer," The Guardian, June 9, 2019, www.theguardian.com/world/2019/jun/06/led-not-into-temptation-pope-approves-change-to-lords-prayer.
47. R. W. L. 모벌리, The Bible, Theology and Faith: A Study of Abraham and Jesus (Cambridge: Cambridge University Press, 2000), chapter 3.
48. 한스 발타자르, Mysterium Paschale, trans. Aidan Nichols (San Francisco: Ignatius, 2000), 100.
49. 이후에 콥트 정교회의 총주교는 21명의 순교자들을 시성(諡聖)한다고 발표했고, 토니 레즈크가 하늘로부터 순교자들의 머리 위

로 왕관이 내려오는 모습을 묘사한 성상(聖像)이 인터넷에 널리 공유되었다.

50. 나의 6번째 간구에 대한 해석은 다니엘 B. 월리스 덕분이다. "Pope Francis, the Lord's Prayer, and Bible Translation," https://danielbwallace.com/2017/12/12/pope-francis-the-lords-prayer-and-bible-translation/.
51. 칼 바르트, Prayer, 63.
52. 로메오 달라르, Shake Hands with the Devil: The Failure of Humanity in Rwanda (New York: Carroll & Graf, 2004), xviii.
53. 요한네스 크리소스토무스, Homily 19.10 on Matthew.
54. 레오나르도 보프, The Lord's Prayer: The Prayer of Integral Liberation, trans. Theodore Morrow (Maryknoll, NY: Orbis, 1983), 115.
55. 알프레드 델프, The Prison Meditations of Father Alfred Delp (New York: Herder and Herder, 1963), 137.
56. 니콜라스 아요, The Lord's Prayer (Lanham, MD: Rowman & Littlefield, 2003 [1992]), 95.
57. 키스 페인, "Weapon Bias: Split-Second Decisions and Unintended Stereotyping," Current Directions in Psychological Science 15, no. 6 (2006): 287-91.
58. 에두아르도 보니야-실바, White Supremacy and Racism in the Post-Civil Rights Era (Boulder, CO: Lynne Rienner, 2001), 45.
59. 부활절 트로파리온(동방정교회의 마침 기도 또는 찬양): "그리스도는 죽은 자들 가운데서 살아나셨다. / 죽음으로 죽음을 짓밟으셨다. / 그리고 무덤에 있는 자들에게 / 생명을 주신다!"
60. 필리프 멜란히톤, Loci Communes (1521), dedicatory epistle.
61. 필리프 멜란히톤, Loci Communes (1521), dedicatory epistle.
62. 나는 Lutheran Book of Worship (Minneapolis: Augsburg Fortress, 1978)의 후기로부터 이 표현을 가져왔다.

63. 찰스 웨슬리, "Love Divine, All Loves Excelling" (1747).
64. 몇몇 최신 서적들도 이 점을 강조하고 있다. 한스 부어스마, Seeing God: The Beatific Vision in Christian Tradition (Grand Rapids: Eerdmans, 2018); 마이클 앨런, Grounded in Heaven: Recentering Chrisϭtian Life and Hope on God (Grand Rapids: Eerdmans, 2018).
65. 위르겐 몰트만의 저서 The Way of Jesus Christ (Minneapolis: Fortress, 1995), 28.를 인용함.
66. 베네딕토 16세, Jesus of Nazareth, 44.
67. 사라 루덴, The Face of Water, 34.
68. 헨리 라이트, "Jesus, I My Cross Have Taken" (1824).
69. 헨리 나우웬, The Return of the Prodigal Son: A Story of Homecoming (New York: Penguin, 1994).
70. 헨리 나우웬, Return, xx.
71. 이와 같은 마무리는 웨슬리 힐의 표현을 각색한 것이다. "Praying the 'Our Father' with Rembrandt," Covenant blog, September 23, 2015, https://livingchurch.org/covenant/2015/09/23/praying-our-father-rembrandt/.

사용된 저서

단테 알리기에리. The Divine Comedy. Translated by Allen Man-delbaum. New York: Knopf, 1995.

아우구스티누스. On Man's Perfection in Righteousness. In Nicene and Post-Nicene Fathers, 28 vols. in two series, edited by Philip Schaff, 5:160-76. Buffalo, NY: Christian Literature, 1887-1894.

장 칼뱅. Institutes of the Christian Religion (1559). 2 vols. Edited by John T. McNeill. Translated by Ford Lewis Battles. Library of Christian Classics 20-21. Louisville: West-minster John Knox, 2006.

요한네스 크리소스토무스. The Homilies on the Gospel of St. Matthew. In Nicene and Post-Nicene Fathers, 28 vols. in two series, edited by Philip Schaff, 10:1-510. Buffalo, NY: Christian Literature, 1887-1894.

마르틴 루터. The Small Catechism. In The Book of Concord: The Confessions of the Evangelical Lutheran Church, edited

by Robert Kolb and Timothy J. Wengert, 347–63. Minneapolis: Fortress, 2000.
필리프 멜란히톤. Commonplaces: Loci Communes 1521. Translated by Christian Preus. St. Louis: Concordia, 2014.
폴리갑의 순교. In The Apostolic Fathers, vol. 1., translated and edited by Bart D. Ehrman, 367–401. Loeb Classical Library 24. Cambridge: Harvard University Press, 2003.
톨레도 공의회. "Symbol of Faith (675)." In The Christian Faith in the Doctrinal Documents of the Catholic Church, edited by Jacques Dupuis, 102–6. New York: Alba House, 1982.

참고 도서

마이클 알렌. Grounded in Heaven: Recentering Christian Life and Hope on God. Grand Rapids: Eerdmans, 2018.

데일 엘리슨. The Sermon on the Mount: Inspiring the Moral Imagination. New York: Crossroad, 1999.

에리히 아우어바흐. Mimesis: The Representation of Reality in Western Literature. Translated by Willard R. Trask. Princeton: Princeton University Press, 1953.

니콜라스 아요. The Lord's Prayer. Lanham, MD: Rowman & Littlefield, 1992.

한스 발타자르. Mysterium Paschale. Translated by Aidan Nichols. San Francisco: Ignatius, 2000.

칼 바르트. Church Dogmatics, vol. II, pt. 2. Translated by G. W. Bromiley. Edinburgh: T & T Clark, 2004.

칼 바르트. Prayer. Translated by Sara F. Terrien. Fiftieth anniversary edition. Louisville: Westminster John Knox, 2002.

베네딕토 16세. Jesus of Nazareth: From the Baptism in the Jordan to the Transfiguration. Translated by Adrian J. Walker. New York: Doubleday, 2007.
클리프턴 블랙. The Lord's Prayer. Interpretation. Louisville: Westminster John Knox, 2018.
한스 부어스마. Seeing God: The Beatific Vision in Christian Tradition. Grand Rapids: Eerdmans, 2018.
레오나르도 보프. The Lord's Prayer: The Prayer of Integral Liberation. Translated by Theodore Morrow. Maryknoll, NY: Orbis, 1983.
에두아르도 보니야-실바. White Supremacy and Racism in the Post-Civil Rights Era. Boulder, CO: Lynne Rienner, 2001.
The Book of Common Prayer. New York: The Church Hymnal Corporation, 1979.
사라 코클리. God, Sexuality, and the Self: An Essay "On the Trinity."Cambridge: Cambridge University Press, 2013.
오스카 쿨만. Christ and Time: The Primitive Christian Conception of Time and History. Translated by Floyd V. Filson. Philadelphia: Westminster, 1964.
로메오 달라르. Shake Hands with the Devil: The Failure of Humanity in Rwanda. New York: Carroll & Graf, 2004.
알프레드 델프. The Prison Meditations of Father Alfred Delp. New York: Herder and Herder, 1963.
티모시 조지. Theology of the Reformers. Revised ed. Nashville: B&H Academic, 2013.
로버트 해멀턴-켈리. "God the Father in the Bible and in the Experience of Jesus: The State of the Question." In God as Father?, edited by J. B. Metz, E. Schillebeeckx, and M. Lefabure, 95-162. New York: Seabury, 1981.

스탠리 하우어워스. With the Grain of the Universe: The Church's Witness and Natural Theology. Grand Rapids: Brazos, 2001.

웨슬리 힐. "Praying the Lord's Prayer in Gethsemane." First Things, April 2, 2015. https://www.firstthings.com/blogs/firstthoughts/2015/04/praying-the-lords-prayer-in-gethsemane.

웨슬리 힐. "Praying the 'Our Father' with Rembrandt." Covenant-blog, September 23, 2015. https://livingchurch.org/covenant/2015/09/23/praying-our-father-rembrandt/.

P. D. 제임스. The Private Patient: A Novel. New York: Vintage, 2009

W. G. 램버트. Babylonian Creation Myths. Winona Lake, IN: Eisenbrauns, 2013.

Lutheran Book of Worship (Minneapolis: Augsburg Fortress, 1978).

헨리 라이트. "Jesus, I My Cross Have Taken" (1824).

F. D. 모리스. The Lord's Prayer: Nine Sermons Preached in the Chapel of Lincoln's Inn. 4th ed. London: Macmillan, 1861.

R. W. L. 모벌리. The Bible, Theology and Faith: A Study of Abraham and Jesus. Cambridge: Cambridge University Press, 2000.

R. W. L. 모벌리. Old Testament Theology: Reading the Hebrew Bible as Christian Scripture. Grand Rapids: Baker Academic, 2013.

위르겐 몰트만. The Way of Jesus Christ. Minneapolis: Fortress, 1995.

윌리엄 니콜슨. Shadowlands: A Play. New York: Penguin, 1990.

헨리 나우웬. The Return of the Prodigal Son: A Story of Home-

coming. New York: Penguin, 1994.
키스 페인. "Weapon Bias: Split-Second Decisions and Unintended Stereotyping." Current Directions in Psychological Science 15, no. 6 (2006): 287-91.
폴 리쾨르. "Fatherhood: From Phantasm to Symbol." In The Conflict of Interpretations: Essays in Hermeneutics, edited by Don Ihde. Translated by Willis Domingo, Charles Freilich, Peter McCormick, Kathleen McLaughlin, Denis Savage, and Robert Sweeney. Evanston, IL: Northwestern University Press, 1974.
사라 루덴. The Face of Water: A Translator on Beauty and Meaning in the Bible. New York: Pantheon, 2017.
나훔 사르나. Exploring Exodus: The Origins of Biblical Israel. New York: Schocken, 1986.
크리스토퍼 자이츠. Figured Out: Typology and Providence in Christian Scripture. Louisville: Westminster John Knox, 2001.
해리엇 셔우드. "Lead Us Not into Mistranslation: Pope Wants Lord's Prayer Changed." The Guardian, December 8, 2017. https://www.theguardian.com/world/2017/dec/08/lead-us-not-into-mistranslation-pope-wants-lords-prayer-changed.
자넷 소스키스. The Kindness of God: Metaphor, Gender, and Religious Language. Oxford: Oxford University Press, 2007.
프란시스 스퍼포드. Unapologetic: Why, Despite Everything, Christianity Can Still Make Surprising Emotional Sense. San Francisco: HarperOne, 2014.
헬무트 틸리케. The Prayer that Spans the World: Sermons on

the Lord's Prayer. Translated by John W. Doberstein. London: James Clarke, 1965.

다니엘 월리스. "Pope Francis, the Lord's Prayer, and Bible Translation." December 12, 2017. https://danielbwallace.com/2017/12/12/pope-francis-the-lords-prayer-and-bible-translation/.

시몬 베유. Waiting for God. Translated by Emma Craufurd. New York: Harper, 1973.

데이비드 웰스. "Prayer: Rebelling Against the Status Quo." Christianity Today 23, no. 25 (November 2, 1979): 32-35.

찰스 웨슬리. "Love Divine, All Loves Excelling" (1747).

로완 윌리엄스. Meeting God in Paul. London: SPCK, 2015.

성구 색인

인명 색인

자

차

카

파

하

A-Z

옮긴이 **김용균**은 복음으로 청년들의 가슴에 감동과 영감을 불어 넣는 말씀 사역자로, "기본으로 돌아가라!", "다시 한 번 해보자!"를 수없이 외치며 신앙의 기초를 세우기 위해 제자훈련을 거듭했던 영적 코칭의 전문가이다. 지금도 길을 잃은 영혼들의 디딤돌이 되고자 상담가의 길을 걸으며, 더욱 전문적인 현장 목회자로서의 길을 걷고 있다.

한양대학교 경영학과 B.A
장로회신학대학교 신대원 M.Div
숭실대학교 기독교 상담 Th.M

기획자 **이상영**은 현재, 학원을 운영하며 17년째 학생들을 가르치고 있다. 여타 학원들처럼 입시 성공만을 목적으로 두지 않으려고 애쓰고 있다. 꿈도 없이 학교와 학원만 오가며 맹목적으로 살아가는 청소년들에게, 소소한 꿈 이야기를 들려주고자 노력 중이다. 아울러, 기독교 출판을 기획하면서 본 에센셜 시리즈가 흐릿한 세상에 작지만 따스한 빛이 되어주길 간절히 기도한다.

중앙대학교 일반대학원 M.A.
솔라피데출판사 기획팀
와이즈(WHY's)학원 원장/청소년상담사

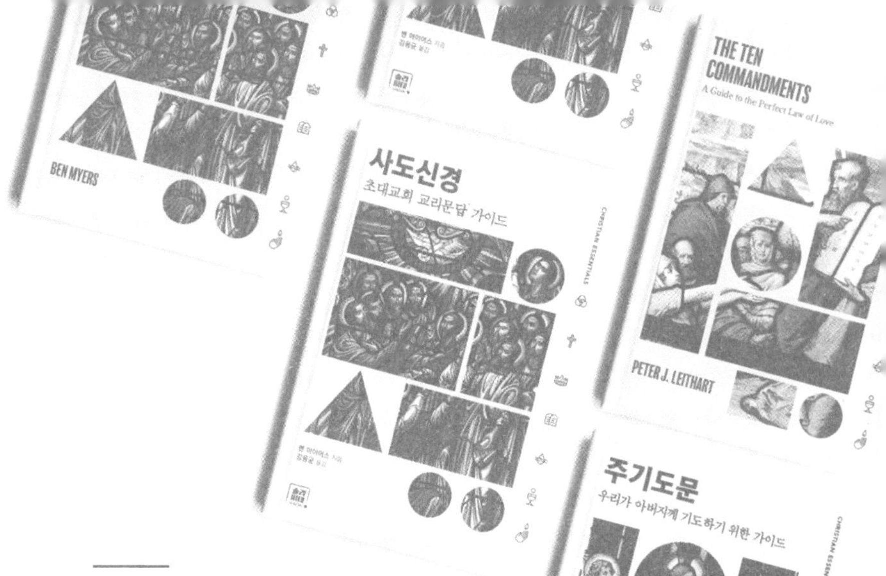

크리스천 에센셜 시리즈

CHRISTIAN ESSENTIALS

『크리스천 에센셜』 시리즈는
기독교의 중요한 전통을 전달하고자 한다.
초대교회는 사도신경, 주기도문, 십계명,
세례, 성찬, 그리고 공예배와 같은 기본적인
성경적 가르침과 실천을 바탕으로 세워졌다.
이러한 기독교의 기초 전통들은 사도들부터
오늘날에 이르기까지 모든 세대를 바른 신앙으로
지탱하고 든든히 세워 왔다.
『크리스천 에센셜』 시리즈에서 계속 선보이는 책들은
우리 "신앙의 본질"에 대한 의미를 풍성히 묵상하게 한다.

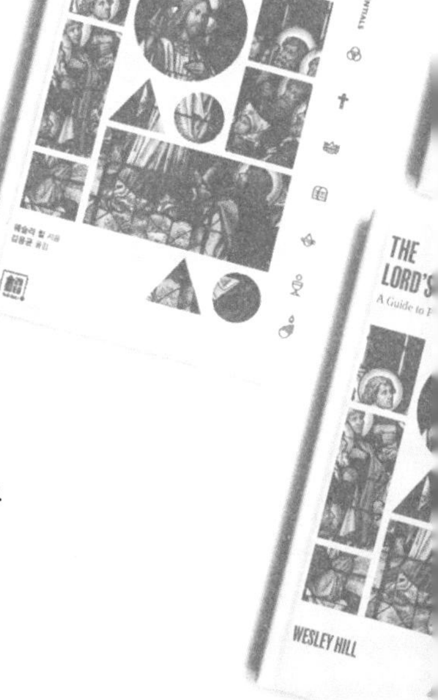

시리즈 1 **사도신경** 46변형판 / 208p / 양장본
시리즈 2 **주기도문** 46변형판 / 176p / 양장본
시리즈 3 **십 계 명** 2022년 11월 발행 예정
시리즈 4 **세 례** 근간
시리즈 5 **성 찬** 근간

솔라피데 SolaFide
10881 경기도 파주시 문발로 123(문발동) 솔라피데하우스 _ 파주출판도시
Tel. (031) 992-8691 Fax. (031) 955-4433 E-mail. vsbook@hanmail.net